3.50

Befragter Glaube

Gerhard Struntz
(2091)

BEFRAGTER GLAUBE

Herausgegeben von
Reimar Kakuschke und Günter Wischmann

VANDENHOECK & RUPRECHT IN GÖTTINGEN

GESPRÄCH MIT DEM ATHEISMUS

bearbeitet von
Barbara und Dr. Reimar Kakuschke, Günter Wischmann
und Werner Trutwin

2. Auflage

VANDENHOECK & RUPRECHT IN GÖTTINGEN

Quellentexte zum Religionsunterricht

1. Jesus Christus in unserer Welt (herausgegeben von Marianne Timm)
2. Glaube und Naturwissenschaft (herausgegeben und eingeleitet von Georg Süßmann)
3. Außerchristliche Religionen der Gegenwart (herausgegeben und eingeleitet von Walter Tebbe)
4. Historischer und Dialektischer Materialismus (herausgegeben und eingeleitet von Erich Thier)
5. Christliche Ethik (herausgegeben von Heinz-Horst Schrey)
6. Weltweite Christenheit. Ein Quellenheft zur Ökumene und Weltmission (herausgegeben von Hans Günther Schweigert)

Zweite Folge:

Befragter Glaube

Herausgegeben von Reimar Kakuschke und Günter Wischmann

11. Gespräch mit dem Atheismus
12. Reden von Gott
13. Der Anspruch Jesu
14. Frieden auf Erden
15. Verantwortete Sexualität
16. Juden und Christen
17. Politische Ethik

Die Hefte 11–17 erscheinen als Ausgabe für den katholischen Religionsunterricht unter dem Reihentitel „Theologisches Forum" im Patmos-Verlag Düsseldorf

Druck Schwann Düsseldorf
ISBN 3–525–77 364–1

INHALT

VORWORT

THEOLOGISCHES FORUM ist eine Schriftenreihe, die Schülern der Oberstufe höherer Schulen und künftiger Kollegstufen Texte und Quellen für den Religionsunterricht zugänglich macht. Die Reihe versteht sich nicht einfach als Materialsammlung, sondern – wie der Titel zum Ausdruck bringt – als Forum, auf dem der Glaube selbst befragt wird und sich in der Auseinandersetzung mit verschiedenen, ja konträren Positionen zu bewähren hat. So kommen hier Fragen und Überlegungen von Wissenschaftlern und Philosophen, von Dichtern und Theologen, von Atheisten und Glaubenden, von Juden und Christen verschiedener Konfessionen zu Wort. Damit bietet der Band vielfältige Informationen, wie sie heute mit Recht vom Religionsunterricht erwartet werden. Aber darüber hinaus will dieses Forum die Schüler dazu anregen, zu einem durchdachten Verständnis von Glaube, Kirche und Theologie zu kommen sowie Kriterien zu finden, die für verantwortliches Handeln und für eine Glaubensentscheidung in Freiheit relevant sind. Die Auszüge aus den Texten evangelischer und katholischer Theologen haben weder immer einen kirchenamtlichen Charakter, noch auch wollen sie auf jeden Fall einen konfessionsspezifischen Standpunkt zur Geltung bringen. Für die Auswahl war das Interesse an den unterschiedlichen Perspektiven und an der Eigenart der Argumentationen maßgebend.

Mit der Konzentration auf den einzelnen Themenkreis mag eine gewisse Einseitigkeit verbunden sein. Sie kann dadurch aufgehoben werden, daß auch die anderen Hefte der Reihe benutzt werden.

So wird z. B. das erste Heft ergänzt durch das zweite, in dem philosophische und theologische Versuche, von Gott zu reden, dargestellt sind. Auch diese Versuche kann man in das „Gespräch mit dem Atheismus" einbeziehen. Sie stellen das an sich schon komplexe Atheismusproblem in einen größeren Horizont. Auch im dritten Heft „Der Anspruch Jesu" finden sich Texte atheistischer Autoren. Die Hefte ergänzen sich also gegenseitig. Sie wollen als Auszüge aus einem größeren theologischen Lesebuch verstanden werden.

Fast alle Texte sind Auszüge aus größeren Aufsätzen oder aus Büchern. An manchen Stellen waren Kürzungen notwendig. Sie sind jeweils durch Punkte (. . .) gekennzeichnet. Gelegentlich wurde die Schreibweise angeglichen. Die Reihenfolge in der Auswahl bedeutet keine Wertung. Sie will nicht den Gang des Unterrichts festlegen.

Der Band bietet Anregungen zu unterschiedlicher Arbeit. Die einzelnen Stücke ermöglichen textgebundene Interpretation, Formen des freien Unterrichtsgesprächs und Gruppenarbeit. Insbesondere bieten sich Vergleiche einzelner Texte und ganzer Textgruppen an. Auf einzelne Leitfragen oder Hinweise wurde aber verzichtet, um den Leser nicht von vornherein festzulegen. Doch empfiehlt es sich für eine planmäßige Unterrichtsarbeit, erst den ganzen Textband durchzusehen und dann – gegebenenfalls unter Mitsprache der Klasse – die Auswahl für die Unterrichtsreihe zu treffen. Das Heft geht auf viele Themen ein, die der neue Rahmenplan für den katholischen Religionsunterricht an den Gymnasien (München 1969) in der Oberstufe vorsieht. Es kann im Klassenunterricht und bei Wahlgruppen Verwendung finden. Die Reihe wird fortgesetzt. Kritik und weitere Textvorschläge sind willkommen.

WERNER TRUTWIN

Bonn, im Februar 1970

I. POSITIONEN DES ATHEISMUS

1. PAUL THIRY D'HOLBACH

Gebet eines Atheisten, wenn er sich Gott gegenübergestellt sähe (Moralisches Argument)

Vater, der du dich deinem Kinde nicht gezeigt hast, unbegreiflicher und verborgener Weltbeweger, den ich nicht entdecken konnte, verzeih, wenn mein beschränkter Verstand dich nicht erkennen konnte in einer Natur, in welcher mir alles notwendig schien. Verzeih, wenn mein empfindendes Herz deine erhabenen Züge nicht herausfinden konnte unter denen des wilden Tyrannen, den der Aberglaube zitternd anbetet. Wie konnte mein schwaches Gehirn deinen Plan, deine Weisheit durchschauen, da die Welt mir doch nur ein Gemisch von Ordnung und Unordnung darbot, von Gutem und Bösem, von Bildungen und Zerstörungen? Konnte ich deiner Gerechtigkeit huldigen, da ich das Verbrechen so oft siegen sah und die Tugend in Tränen? Meine Unwissenheit ist verzeihlich, weil sie unwiderleglich war. Wenn du deine Geschöpfe liebst, ich liebe sie wie du, ich habe mich bemüht, sie in meiner Umwelt glücklich zu machen. Hast du die Vernunft geschaffen, ich habe ihr immer gehorcht; gefällt dir die Tugend, mein Herz hat sie immer geehrt, ich habe sie nach Kräften geübt. Habe ich schlecht von dir gedacht, so geschah es, weil mein Verstand dich nicht begreifen konnte; habe ich schlecht von dir gesprochen, so geschah es, weil mein allzu menschliches Herz sich gegen das abscheuliche Bild empörte, das man von dir machte. Meine Irrtümer waren die Wirkungen der Natur, die du mir gegeben hast, der Umstände, in die du mich ohne meine Einwilligung hineingestellt hast, der Gedanken, die mein Geist unbewußt gefaßt hat. Bist du gut und gerecht, wie man sagt, so kannst du mich für die Abwege meiner Phantasie nicht strafen, nicht für die Folgen meiner Leidenschaften, nicht für die notwendigen Ergebnisse der Organisation, die du mir gegeben hast. Wolltest du mich hart und ewig strafen, weil ich auf die Vernunft hörte, die dein Geschenk ist, wolltest du mich für meine Täuschungen züchtigen, wolltest du mir zürnen, weil ich in die Schlingen fiel, die du mir überall stelltest, dann wärest du der grausamste und ungerechteste Tyrann, du wärest kein Gott, sondern ein boshafter Dämon, dem ich mich unterwerfen und dessen Wut ich sättigen müßte; aber dann wäre ich stolz darauf, dein unerträgliches Joch abgeworfen zu haben.

2. LUDWIG FEUERBACH

Gott als Projektion des menschlichen Wesens

Die Religion, wenigstens die christliche, ist das Verhalten des Menschen zu sich selbst, oder richtiger: zu seinem Wesen, aber das Verhalten zu seinem Wesen als zu einem anderen Wesen. Das göttliche Wesen ist nichts anderes als das menschliche Wesen, oder besser: das Wesen des Menschen, abgesondert von den Schranken des individuellen, d. h. wirklichen, leiblichen Menschen, vergegenständlicht, d. h. angeschaut und verehrt als ein anderes, von ihm unterschiedenes, eigenes Wesen – alle Bestimmungen des göttlichen Wesens sind darum Bestimmungen des menschlichen Wesens.[1]

In Beziehung auf die Prädikate, d. h. die Eigenschaften oder Bestimmungen Gottes, wird dies denn auch ohne Anstand zugegeben, aber keineswegs in Beziehung auf das Subjekt, d. h. das Grundwesen dieser Prädikate. Die Verneinung des Subjekts gilt für Irreligiosität, für Atheismus, nicht aber die Verneinung der Prädikate. Aber was keine Bestimmungen hat, das hat auch keine Wirkungen auf mich; was keine Wirkungen, auch kein Dasein für mich. Alle Bestimmungen aufheben ist soviel als das Wesen selbst aufheben. Ein bestimmungsloses Wesen ist ein ungegenständliches Wesen, ein ungegenständliches ein nichtiges Wesen. Wo daher der Mensch alle Bestimmungen von Gott entfernt, da ist ihm Gott nur noch ein negatives, d. h. nichtiges Wesen.

. . .

Die Religion ist die Entzweiung des Menschen mit sich selbst: Er setzt sich Gott als ein ihm entgegengesetztes Wesen gegenüber. Gott ist nicht, was der Mensch ist – der Mensch nicht, was Gott ist. Gott ist das unendliche, der Mensch das endliche Wesen; Gott vollkommen, der Mensch unvollkommen; Gott ewig, der Mensch zeitlich; Gott allmächtig, der Mensch ohnmächtig; Gott heilig, der Mensch sündhaft. Gott und Mensch sind Extreme: Gott das schlechthin Positive, der Inbegriff aller Realitäten, der Mensch das schlechtweg Negative, der Inbegriff aller Nichtigkeiten.

Aber der Mensch vergegenständlicht in der Religion sein eigenes geheimes Wesen. Es muß also nachgewiesen werden, daß dieser Gegensatz, dieser Zwiespalt von Gott und Mensch, womit die Religion anhebt, ein Zwiespalt des Menschen mit seinem eigenen Wesen ist.

Die innere Notwendigkeit dieses Beweises ergibt sich schon daraus, daß, wenn wirklich das göttliche Wesen, welches Gegenstand der Religion ist, ein anderes

[1] „Die Vollkommenheiten Gottes sind die Vollkommenheiten unserer Seelen, allein er besitzt sie unumschränkt... Wir besitzen einiges Vermögen, einige Erkenntnis, einige Güte, allein dieses alles ist in Gott vollkommen" (Leibniz, Théod. Préface). „Alles, wodurch sich die menschliche Seele auszeichnet, ist auch dem göttlichen Wesen eigen. Alles, was von Gott ausgeschlossen ist, gehört auch nicht zur Wesensbestimmung der Seele" (S. Gregorius Nyss, de anima, Lips, 1837, P 42). „Unter allen Wissenschaften ist daher die herrlichste und wichtigste die Selbsterkenntnis, denn wenn einer sich selbst kennt, so wird er auch Gott erkennen" (Clemens Alex, Paedag. lib. III. c. I.).

wäre als das Wesen des Menschen, eine Entzweiung, ein Zwiespalt gar nicht stattfinden könnte. Ist Gott wirklich ein anderes Wesen, was kümmert mich seine Vollkommenheit? Entzweiung findet nur statt zwischen Wesen, welche miteinander zerfallen sind, aber eins sein sollen, eins sein können und folglich im Wesen, in Wahrheit eins sind. Es muß also schon aus diesem allgemeinen Grunde das Wesen, mit welchem sich der Mensch entzweit fühlt, ein ihm eingeborenes Wesen sein, aber zugleich ein Wesen von anderer Beschaffenheit als das Wesen oder die Kraft, welche ihm das Gefühl, das Bewußtsein der Versöhnung, der Einheit mit Gott, oder, was eins ist, mit sich selbst gibt.
Dieses Wesen ist nichts anderes als die Intelligenz – die Vernunft oder der Verstand. Gott als Extrem des Menschen, als nicht menschliches, d. i. persönlich menschliches Wesen gedacht –, ist das vergegenständlichte Wesen des Verstandes. Das eine, vollkommene, mangellose, göttliche Wesen ist das Selbstbewußtsein des Verstandes, das Bewußtsein des Verstandes von seiner eigenen Vollkommenheit . . . Gott als Gott, d. h. als nicht endliches, nicht menschliches, nicht materiell bestimmtes, nicht sinnliches Wesen ist nur Gegenstand des Denkens. Er ist das unsinnliche, gestaltlose, unfaßbare, bildlose – das abstrakte, negative Wesen; er wird nur durch Abstraktion und Negation (via negationis)[1] erkannt, d. i. Gegenstand. Warum? Weil er nichts ist als das gegenständliche Wesen der Denkkraft, überhaupt der Kraft oder Tätigkeit, man nenne sie nun, wie man wolle, wodurch sich der Mensch der Vernunft, des Geistes, der Intelligenz bewußt wird. Der Mensch kann keinen anderen Geist – denn der Begriff des Geistes ist lediglich der Begriff des Denkens, der Erkenntnis, des Verstandes, jeder andere Geist ein Gespenst der Phantasie –, keine andere Intelligenz glauben, ahnen, vorstellen, denken als die Intelligenz, die ihn erleuchtet, die sich in ihm bestätigt. Er kann nichts weiter als die Intelligenz absondern von den Schranken seiner Individualität. Der „unendliche Geist" im Unterschied vom endlichen ist daher nichts anderes als die von den Schranken der Individualität und Leiblichkeit – denn Individualität und Leiblichkeit sind untrennbar – abgesonderte Intelligenz, die Intelligenz für sich selbst gesetzt oder gedacht.

. . .

Wir haben bewiesen, daß der Inhalt und Gegenstand der Religion ein durchaus menschlicher ist, bewiesen, daß das Geheimnis der Theologie die Anthropologie, des göttlichen Wesens das menschliche Wesen ist. Aber die Religion hat nicht das Bewußtsein von der Menschlichkeit ihres Inhalts; sie setzt sich vielmehr dem Menschlichen entgegen, oder wenigstens sie gesteht nicht ein, daß ihr Inhalt ein menschlicher ist. Der notwendige Wendepunkt der Geschichte ist daher dieses offene Bekenntnis und Eingeständnis, daß das Bewußtsein Gottes nichts anderes ist als das Bewußtsein der Gattung, daß der Mensch sich nur über die Schranken seiner Individualität oder Persönlichkeit erheben kann und soll, aber nicht über die Gesetze, die Wesensbestimmungen seiner Gattung, daß der Mensch kein

[1] Via negationis – der Weg der Verneinung; meint eine alte theologische Methode, von Gott nur verneinende Aussagen zuzulassen, z. B. daß er nicht endlich, nicht sterblich, nicht räumlich sei.

anderes Wesen als absolutes, als göttliches Wesen denken, ahnen, vorstellen, fühlen, glauben, wollen, lieben und verehren kann als das menschliche Wesen. Unser Verhältnis zur Religion ist daher kein nur verneinendes, sondern ein kritisches; wir scheiden nur das Wahre vom Falschen – obgleich allerdings die von der Falschheit ausgeschiedene Wahrheit immer eine neue, von der alten wesentlich unterschiedene Wahrheit ist. Die Religion ist das erste Selbstbewußtsein des Menschen. Heilig sind die Religionen, eben weil sie die Überlieferungen des ersten Bewußtseins sind. Aber was der Religion das Erste ist, Gott, das ist, wie bewiesen, an sich, der Wahrheit nach das Zweite, denn er ist nur das sich gegenständliche Wesen des Menschen, und was ihr das Zweite ist, der Mensch, das muß daher als das Erste gesetzt und ausgesprochen werden. Die Liebe zum Menschen darf keine abgeleitete sein; sie muß zur ursprünglichen werden. Dann allein wird die Liebe eine wahre, heilige, zuverlässige Macht. Ist das Wesen des Menschen das höchste Wesen des Menschen, so muß auch praktisch das höchste und erste Gesetz die Liebe des Menschen zum Menschen sein. Homo homini Deus est[2] – dies ist der oberste praktische Grundsatz, dies der Wendepunkt der Weltgeschichte.

[2] Homo homini Deus est – Der Mensch ist für den Menschen Gott. Umwandlung des alten philosophischen Satzes „Homo homini Lupus", d. h., „Der Mensch ist für den Menschen ein Wolf". Statt der Zerstörung, die bisher vom Menschen für den Menschen ausging, kann nach der Umwandlung der Theologie in Anthropologie nun der Mensch dem Menschen all das Glück bieten, das er bisher von Gott erwartete.

3. KARL MARX

Religion – Ausdruck gesellschaftlicher Widersprüche, Opium des Volks

a) Thesen über Feuerbach

4.

Feuerbach geht von dem Faktum der religiösen Selbstentfremdung, der Verdoppelung der Welt in eine religiöse und eine weltliche, aus. Seine Arbeit besteht darin, die religiöse Welt in ihre weltliche Grundlage aufzulösen. Aber daß die weltliche Grundlage sich von sich selbst abhebt und sich ein selbständiges Reich in den Wolken fixiert, ist nur aus der Selbstzerrissenheit und Sichselbstwidersprechen dieser weltlichen Grundlage zu erklären. Diese selbst muß also in sich selbst sowohl in ihrem Widerspruch verstanden als praktisch revolutioniert werden. Also nachdem z. B. die irdische Familie als das Geheimnis der heiligen Familie[1] entdeckt ist, muß nun erstere selbst theoretisch und praktisch vernichtet werden.

6.

Feuerbach löst das religiöse Wesen in das menschliche Wesen[2] auf. Aber das menschliche Wesen ist kein dem einzelnen Individuum innewohnendes Ab-

[1] Für Feuerbach besteht die „heilige Familie" aus dem göttlichen Vater, dem Sohn und der Mutter Maria (wenigstens in der kath. Kirche!). Das trostlose Gefühl der Leere und Einsamkeit in der irdischen Familie schafft sich eine heilige Familie, die „ein Verein sich innigst liebender Wesen ist". So entsteht die heilige Familie aus einem Gefühl des Mangels, das die irdische Familie bestimmt.

[2] Vgl. Text 2 dieses Heftes!

straktum. In seiner Wirklichkeit ist es das Ensemble der gesellschaftlichen Verhältnisse. Feuerbach, der auf die Kritik dieses wirklichen Wesens nicht eingeht, ist daher gezwungen:

1. Von dem geschichtlichen Verlauf zu abstrahieren und das religiöse Gemüt für sich zu fixieren und ein abstrakt-*isoliert*-menschliches Individuum vorauszusetzen.

2. Das Wesen kann daher nur als „Gattung", als innere, stumme, die vielen Individuen *natürlich* verbindende Allgemeinheit gefaßt werden.

7.

Feuerbach sieht daher nicht, daß das „religiöse Gemüt" selbst ein gesellschaftliches Produkt ist und daß das abstrakte Individuum, das er analysiert, einer bestimmten Gesellschaftsform angehört.

11.

Die Philosophen haben die Welt nur verschieden *interpretiert;* es kömmt darauf an, sie zu *verändern.*

b) Zur Kritik der Hegelschen Rechtsphilosophie. Einleitung

Für Deutschland ist die *Kritik der Religion* im wesentlichen beendigt, und die Kritik der Religion ist die Voraussetzung aller Kritik. Die *profane* Existenz des Irrtums ist kompromittiert, nachdem seine *himmlische Oratio pro aris et focis* widerlegt ist. Der Mensch, der in der phantastischen Wirklichkeit des Himmels, wo er einen Übermenschen suchte, nur den *Widerschein*[3] seiner selbst gefunden hat, wird nicht mehr geneigt sein, nur den *Schein* seiner selbst, nur den Unmenschen zu finden, wo er seine wahre Wirklichkeit sucht und suchen muß.

Das Fundament der irreligiösen Kritik ist: *Der Mensch macht die Religion,* die Religion macht nicht den Menschen[4]. Und zwar ist die Religion das Selbstbewußtsein und das Selbstgefühl des Menschen, der sich selbst entweder noch nicht erworben und schon wieder verloren hat. Aber *der Mensch,* das ist kein abstraktes, außer der Welt hockendes Wesen. Der Mensch, das ist die *Welt des Menschen,* Staat, Sozietät. Dieser Staat, diese Sozietät produzieren die Religion, ein *verkehrtes Weltbewußtsein,* weil sie eine *verkehrte Welt* sind. Die Religion ist die allgemeine Theorie dieser Welt, ihr enzyklopädisches Kompendium, ihre Logik in populärer Form, ihr spiritualistischer Point-d'honneur, ihr Enthusiasmus, ihre moralische Sanktion, ihre feierliche Ergänzung, ihr allgemeiner Trost- und Rechtfertigungsgrund. Sie ist die *phantastische Verwirklichung* des menschlichen Wesens, weil das menschliche Wesen keine wahre Wirklichkeit besitzt. Der Kampf gegen die Religion ist also mittelbar der Kampf gegen *jene Welt,* deren geistiges *Aroma* die Religion ist.

Das *religiöse* Elend ist in einem der *Ausdruck* des wirklichen Elendes und in einem die *Protestation* gegen das wirkliche Elend. Die Religion ist der Seufzer der be-

[3] Anspielung auf Feuerbach, der in der himmlischen Welt nichts als ein wesenloses, nichtiges Abbild der wirklichen Welt sah; vgl. Text 2.

[4] Andere Formulierung für den Gedanken Feuerbachs: Der Mensch schafft Gott, nicht Gott schafft den Menschen nach seinem Bild.

drängten Kreatur, das Gemüt einer herzlosen Welt, wie sie der Geist geistloser Zustände ist. Sie ist das *Opium* des Volks.

Die Aufhebung der Religion als des *illusorischen* Glücks des Volkes ist die Forderung seines *wirklichen* Glücks. Die Forderung, die Illusionen über seinen Zustand aufzugeben, ist die *Forderung, einen Zustand aufzugeben, der der Illusionen bedarf.* Die Kritik der Religion ist also im *Keim* die *Kritik des Jammertales,* dessen *Heiligenschein* die Religion ist.

Die Kritik hat die imaginären Blumen an der Kette zerpflückt, nicht damit der Mensch die phantasielose, trostlose Kette trage, sondern damit er die Kette abwerfe und die lebendige Blume breche. Die Kritik der Religion enttäuscht den Menschen, damit er denke, handle, seine Wirklichkeit gestalte wie ein enttäuschter, zu Verstand gekommener Mensch, damit er sich um sich selbst und damit um seine wirkliche Sonne bewege. Die Religion ist nur die illusorische Sonne, die sich um den Menschen bewegt, solange er sich nicht um sich selbst bewegt.

Es ist also die *Aufgabe der Geschichte,* nachdem das *Jenseits der Wahrheit* verschwunden ist, die *Wahrheit des Diesseits* zu etablieren. Es ist zunächst die *Aufgabe der Philosophie,* die im Dienste der Geschichte steht, nachdem die *Heiligengestalt* der menschlichen Selbstentfremdung entlarvt ist, die Selbstentfremdung in *ihren unheiligen Gestalten* zu entlarven. Die Kritik des Himmels verwandelt sich damit in die Kritik der Erde, die *Kritik der Religion* in die *Kritik des Rechts,* die *Kritik der Theologie* in die *Kritik der Politik.*

. . .

Die Kritik der Religion endet mit der Lehre, daß der *Mensch das höchste Wesen für den Menschen* sei, also mit dem *kategorischen Imperativ*[5], *alle Verhältnisse umzuwerfen,* in denen der Mensch ein erniedrigtes, ein geknechtetes, ein verlassenes, ein verächtliches Wesen ist.

c) Nationalökonomie und Philosophie

Ein *Wesen* gibt sich erst als selbständiges, sobald es auf eigenen Füßen steht, und es steht erst auf eigenen Füßen, sobald es sein *Dasein* sich selbst verdankt. Ein Mensch, der von der Gnade eines anderen lebt, betrachtet sich als ein abhängiges Wesen. Ich lebe aber vollständig von der Gnade eines anderen, wenn ich ihm nicht nur die Unterhaltung meines Lebens verdanke, sondern wenn er noch außerdem mein *Leben geschaffen* hat, wenn er der *Quell* meines Lebens ist; und mein Leben hat notwendig einen solchen Grund außer sich, wenn es nicht meine Schöpfung ist. Die *Schöpfung* ist daher eine sehr schwer aus dem Volksbewußtsein zu verdrängende Vorstellung. Das Durchsichselbstsein der Natur und des Menschen ist ihm *unbegreiflich,* weil es allen *Handgreiflichkeiten* des praktischen Lebens widerspricht.

Die *Erd*schöpfung hat einen gewaltigen Stoß erhalten durch die *Geognosie,* d. h. durch die Wissenschaft, welche die Erdbildung, das Werden der Erde als einen

[5] Kant verstand unter dem „kategorischen Imperativ“ die unbedingt geltende Verpflichtung.

Prozeß, als Selbsterzeugung darstellte. Die generatio aequivoca[6] ist die einzige praktische Widerlegung der Schöpfungstheorie.

Nun ist es zwar leicht, dem einzelnen Individuum zu sagen, was Aristoteles schon gesagt hat: Du bist gezeugt von deinem Vater und deiner Mutter, also hat an dir die Begattung zweier Menschen, also ein Gattungsakt der Menschen den Menschen produziert. Du siehst also, daß der Mensch auch physisch sein Dasein dem Menschen verdankt. Du mußt also nicht nur die eine Seite im Auge behalten, den *unendlichen* Progreß, wonach du weiter fragst: Wer hat meinen Vater, wer seinen Großvater usw. gezeugt? Du mußt auch die *Kreisbewegung,* welche in jenem Progreß sinnlich anschaubar ist, festhalten, wonach der Mensch in der Zeugung sich selbst wiederholt, also der *Mensch* immer Subjekt bleibt. Aber du wirst mir antworten: Diese Kreisbewegung dir zugestanden, so gestehe du mir den Progreß zu, der mich immer weiter treibt, bis ich frage, wer hat den ersten Menschen und die Natur überhaupt gezeugt? Ich kann dir nur antworten: Deine Frage ist selbst ein Produkt der Abstraktion. Frage dich, wie du auf jene Frage kömmst, frage dich, ob deine Frage nicht von einem Gesichtspunkt aus geschieht, den ich nicht beantworten kann, weil er ein verkehrter ist? Frage dich, ob jener Progreß als solcher für ein vernünftiges Denken existiert? Wenn du nach der Schöpfung der Natur und des Menschen fragst, so abstrahierst du also vom Menschen und von der Natur. Du setzest sie als *nichtseiend* und willst doch, daß ich sie als *seiend* dir beweise. Ich sage dir nun: Gib deine Abstraktion auf, so gibst du auch deine Frage auf, oder willst du an deiner Abstraktion festhalten, so sei konsequent, und wenn du den Menschen und die Natur als *nichtseiend* denkend, denkst, so denke dich selbst als nichtseiend, der du doch auch Natur und Mensch bist. Denke nicht, frage mich nicht, denn sobald du denkst und fragst, hat deine *Abstraktion* von dem Sein der Natur und des Menschen keinen Sinn. Oder bist du ein solcher Egoist, daß du alles als Nichts setzt und selbst sein willst?

Du kannst mir erwidern: Ich will nicht das Nichts der Natur usw. setzen; ich frage dich nach ihrem *Entstehungsakt,* wie ich den Anatom nach den Knochenbildungen frage usw. Indem aber für den sozialistischen Menschen die *ganze sogenannte Weltgeschichte* nichts anderes ist als die Erzeugung des Menschen durch die menschliche Arbeit, als das Werden der Natur für den Menschen, so hat er also den anschaulichen, unwiderstehlichen Beweis von seiner *Geburt:* durch sich selbst, von seinem *Entstehungsprozeß.* Indem die *Wesenhaftigkeit* des Menschen in der Natur, indem der Mensch für den Menschen als Dasein der Natur, in der Natur für den Menschen als Dasein des Menschen praktisch, sinnlich anschaubar geworden ist, ist die Frage nach einem *fremden* Wesen, nach einem Wesen über der Natur und dem Menschen – eine Frage, welche das Geständnis von der Unwesentlichkeit der Natur und des Menschen einschließt – praktisch unmöglich geworden. Der *Atheismus*[7], als Leugnung dieser Unwesentlichkeit, hat keinen Sinn mehr, denn der Atheismus ist eine *Negation des Gottes* und setzt durch diese Negation

[6] generatio aequivoca – Urzeugung des Lebens.

[7] Atheismus erscheint hier nur noch als Vorstadium menschlichen Denkens, er wird überflüssig und sinnlos.

das *Dasein des Menschen*; aber der Sozialismus[8] als Sozialismus bedarf einer solchen Vermittlung nicht mehr: Er beginnt von dem *theoretisch und praktisch sinnlichen Bewußtsein* des Menschen und der Natur als des *Wesens*. Er ist *positives*, nicht mehr durch die Aufhebung der Religion vermitteltes *Selbstbewußtsein* des Menschen, wie das *wirkliche Leben* positive, nicht mehr durch die Aufhebung des Privateigentums, des *Kommunismus*[9], vermittelte Wirklichkeit des Menschen ist. Der Kommunismus ist die Position als Negation der Negation, darum das *wirkliche*, für die nächste geschichtliche Entwicklung notwendige Moment der menschlichen Emanzipation und Wiedergewinnung. Der *Kommunismus* ist die notwendige Gestalt und das energische Prinzip der nächsten Zukunft, aber der Kommunismus ist nicht als solcher das Ziel der menschlichen Entwicklung – die Gestalt der menschlichen Gesellschaft.

4. FRIEDRICH NIETZSCHE

Gott ist tot. Wir haben ihn getötet

a) Der tolle Mensch. Aus: Die fröhliche Wissenschaft

Habt ihr nicht von jenem tollen Menschen gehört, der am hellen Vormittag eine Laterne anzündete, auf den Markt lief und unaufhörlich schrie: „Ich suche Gott! Ich suche Gott!" – Da dort gerade viele von denen zusammen standen, welche nicht an Gott glaubten, so erregte er ein großes Gelächter. Ist er denn verlorengegangen? sagte der eine. Hat er sich verlaufen wie ein Kind? sagte der andere. Oder hält er sich versteckt? Fürchtet er sich vor uns? Ist er zu Schiff gegangen, ausgewandert? – so schrien und lachten sie durcheinander. Der tolle Mensch sprang mitten unter sie und durchbohrte sie mit seinen Blicken. „Wohin ist Gott?" rief er, „ich will es euch sagen! *Wir haben ihn getötet* – ihr und ich. Wir alle sind seine Mörder! Aber wie haben wir dies gemacht? Wie vermochten wir das Meer auszutrinken? Wer gab uns den Schwamm, um den ganzen Horizont wegzuwischen? Was taten wir, als wir diese Erde von ihrer Sonne losketteten? Wohin bewegt sie sich nun? Wohin bewegen wir uns? Fort von allen Sonnen? Stürzen wir nicht fortwährend? Und rückwärts, seitwärts, vorwärts, nach allen Seiten? Gibt es noch ein Oben und ein Unten? Irren wir nicht durch ein unendliches Nichts? Haucht uns nicht der leere Raum an? Ist es nicht kälter geworden? Kommt nicht immerfort die Nacht und mehr Nacht? Müssen nicht Laternen am Vormittage angezündet werden? Hören wir noch nichts von dem Lärm der Totengräber, welche Gott begraben? Riechen wir noch nichts von der göttlichen Verwesung? – Auch Götter verwesen! Gott ist tot! Gott bleibt tot! Und wir haben ihn getötet! Wie trösten wir uns, die Mörder aller Mörder? Das Heiligste und Mächtigste, was die

[8] Der Sozialismus ist hier, entgegen der üblichen Geschichtseinteilung im Marxismus, das angestrebte Ziel und damit Endstadium der Entwicklung.

[9] Ähnlich wie der Atheismus (s. o.) ist der Kommunismus hier auch nur als ein Vorstadium auf dem Weg zum Sozialismus verstanden.

Welt bisher besaß, es ist unter unsern Messern verblutet – wer wischt dies Blut von uns ab? Mit welchem Wasser könnten wir uns reinigen? Welche Sühnefeiern, welche heiligen Spiele werden wir erfinden müssen? Ist nicht die Größe dieser Tat zu groß für uns? Müssen wir nicht selber zu Göttern werden, um nur ihrer würdig zu erscheinen? Es gab nie eine größere Tat – und wer nur immer nach uns geboren wird, gehört um dieser Tat willen in eine höhere Geschichte, als alle Geschichte bisher war!" – Hier schwieg der tolle Mensch und sah wieder seine Zuhörer an: auch sie schwiegen und blickten befremdet auf ihn. Endlich warf er seine Laterne auf den Boden, daß sie in Stücke sprang und erlosch. „Ich komme zu früh", sagte er dann, „ich bin noch nicht an der Zeit. Dies ungeheure Ereignis ist noch unterwegs und wandert – es ist noch nicht bis zu den Ohren der Menschen gedrungen. Blitz und Donner brauchen Zeit, das Licht der Gestirne braucht Zeit, Taten brauchen Zeit, auch nachdem sie getan, um gesehn und gehört zu werden. Diese Tat ist ihnen immer noch ferner als die fernsten Gestirne – *und doch haben sie dieselbe getan!*" – Man erzählt noch, daß der tolle Mensch desselbigen Tages in verschiedene Kirchen eingedrungen sei und darin sein Requiem aeternam deo angestimmt habe. Hinausgeführt und zur Ruhe gesetzt, habe er immer nur dies entgegnet: „Was sind denn diese Kirchen noch, wenn sie nicht die Grüfte und Grabmäler Gottes sind?"[1]

b) Was es mit unserer Heiterkeit auf sich hat. Aus: Die fröhliche Wissenschaft

Das größte neuere Ereignis – daß „Gott tot ist", daß der Glaube an den christlichen Gott unglaubwürdig geworden ist – beginnt bereits seine ersten Schatten über Europa zu werfen. Für die wenigen wenigstens, deren Augen, deren *Argwohn* in den Augen stark und fein genug für dies Schauspiel ist, scheint eben irgendeine Sonne untergegangen, irgendein altes, tiefes Vertrauen in Zweifel umgedreht: ihnen muß unsere alte Welt täglich abendlicher, mißtrauischer, fremder, „älter" scheinen. In der Hauptsache aber darf man sagen: Das Ereignis selbst ist viel zu groß, zu fern, zu abseits vom Fassungsvermögen vieler, als daß auch nur seine Kunde schon *angelangt* heißen dürfte; geschweige denn, daß viele bereits wüßten, *was* eigentlich sich damit begeben hat – und was alles, nachdem dieser Glaube untergraben ist, nunmehr einfallen muß, weil es auf ihm gebaut, an ihn gelehnt, in ihn hineingewachsen war: z. B. unsere ganze europäische Moral. Diese lange Fülle und Folge von Abbruch, Zerstörung, Untergang, Umsturz, die nun bevorsteht: Wer erriete heute schon genug davon, um den Lehrer und Vorauskünder dieser ungeheuren Logik von Schrecken abgeben zu müssen, den Propheten einer Verdüsterung und Sonnenfinsternis, derengleichen es wahrscheinlich noch nicht auf Erden gegeben hat? . . . Selbst wir geborenen Rätselrater, die wir gleichsam auf den Bergen warten, zwischen heute und morgen hineingestellt und in den Widerspruch zwischen heute und morgen hineingespannt, wir Erstlinge und Frühgeburten des kommenden Jahrhunderts, denen eigentlich die Schatten, welche

[1] Vgl. dazu auch Text 14 aus der „Gott-ist-tot-Theologie".

Europa alsbald einwickeln müssen, jetzt schon zu Gesicht gekommen sein *sollten:* woran liegt es doch, daß selbst wir ohne rechte Teilnahme für diese Verdüsterung, vor allem ohne Sorge und Furcht für uns, ihrem Heraufkommen entgegensehn? Stehen wir vielleicht zu sehr noch unter den *nächsten Folgen* dieses Ereignisses – und diese nächsten Folgen, seine Folgen für *uns* sind, umgekehrt, als man vielleicht erwarten könnte, durchaus nicht traurig und verdüsternd, vielmehr wie eine neue, schwer zu beschreibende Art von Licht, Glück, Erleichterung, Erheiterung, Ermutigung, Morgenröte ... In der Tat, wir Philosophen und „freien Geister" fühlen uns bei der Nachricht, daß der „alte Gott tot" ist, wie von einer neuen Morgenröte angestrahlt; unser Herz strömt dabei über von Dankbarkeit, Erstaunen, Ahnung, Erwartung – endlich erscheint uns der Horizont wieder frei, gesetzt selbst, daß er nicht hell ist, endlich dürfen unsere Schiffe wieder auslaufen, auf jede Gefahr hin auslaufen, jedes Wagnis des Erkennenden ist wieder erlaubt, das Meer, unser Meer liegt wieder offen da, vielleicht gab es noch niemals ein so „offenes Meer".

5. SIGMUND FREUD

Religion als Ausdruck infantiler Hilflosigkeit und als Illusion

Wie für die Menschheit im ganzen, so ist für den einzelnen das Leben schwer zu ertragen. Ein Stück Entbehrung legt ihm die Kultur auf, an der er teilhat, ein Maß Leiden bereiten ihm die anderen Menschen, entweder trotz der Kulturvorschriften oder infolge der Unvollkommenheit dieser Kultur. Dazu kommt, was ihm die unbezwungene Natur – er nennt es Schicksal – an Schädigung zufügt. Ein ständiger ängstlicher Erwartungszustand und eine schwere Kränkung des natürlichen Narzißmus[1] sollte die Folge dieses Zustandes sein. Wie der einzelne gegen die Schädigungen durch die Kultur und die anderen reagiert, wissen wir bereits, er entwickelt ein entsprechendes Maß von Widerstand gegen die Einrichtungen dieser Kultur, von Kulturfeindschaft. Aber wie setzt er sich gegen die Übermächte der Natur, des Schicksals, zur Wehr, die ihm wie allen anderen drohen?
Die Kultur nimmt ihm diese Leistung ab, sie besorgt sie für alle in gleicher Weise, es ist auch bemerkenswert, daß so ziemlich alle Kulturen hierin das gleiche tun Sie macht nicht etwa halt in der Erledigung ihrer Aufgabe, den Menschen gegen die Natur zu verteidigen, sie setzt sie nur mit anderen Mitteln fort. Die Aufgabe ist hier eine mehrfache, das schwer bedrohte Selbstgefühl des Menschen verlangt nach Trost, der Welt und dem Leben sollen ihre Schrecken genommen werden, nebenbei will auch die Wißbegierde der Menschen, die freilich von dem stärksten praktischen Interesse angetrieben wird, eine Antwort haben.
Mit dem ersten Schritt ist bereits sehr viel gewonnen. Und dieser ist, die Natur

[1] Narziß, Gestalt der griechischen Mythologie, war aus Eigenliebe unfähig, die Liebe der Nymphe Echo zu erwidern. Narzißmus bezeichnet nach Freud das Phänomen, „daß das Ich mit Libido besetzt ist".

zu vermenschlichen. An die unpersönlichen Kräfte und Schicksale kann man nicht heran, sie bleiben ewig fremd. Aber wenn in den Elementen Leidenschaften toben wie in der eigenen Seele, wenn selbst der Tod nichts Spontanes ist, sondern die Gewalttat eines bösen Willens, wenn man überall in der Natur Wesen um sich hat, wie man sie aus der eigenen Gesellschaft kennt, dann atmet man auf, fühlt sich heimisch im Unheimlichen, kann seine sinnlose Angst psychisch bearbeiten. Man ist vielleicht noch wehrlos, aber nicht mehr hilflos gelähmt, man kann zum mindesten reagieren, ja vielleicht ist man nicht einmal wehrlos, man kann gegen diese gewalttätigen Übermenschen draußen dieselben Mittel in Anwendung bringen, deren man sich in seiner Gesellschaft bedient, kann versuchen, sie zu beschwören, beschwichtigen, bestechen, raubt ihnen durch solche Beeinflussung einen Teil ihrer Macht. Solch ein Ersatz einer Naturwissenschaft durch Psychologie schafft nicht bloß sofortige Erleichterung, er zeigt auch den Weg zu einer weiteren Bewältigung der Situation.

Denn diese Situation ist nichts Neues, sie hat ein infantiles Vorbild, ist eigentlich nur die Fortsetzung des früheren, denn in solcher Hilflosigkeit hatte man sich schon einmal befunden, als kleines Kind einem Elternpaar gegenüber, das man Grund hatte zu fürchten, zumal den Vater, dessen Schutzes man aber auch sicher war gegen die Gefahren, die man damals kannte. So lag es nahe, die beiden Situationen einander anzugleichen. Auch kam wie im Traumleben der Wunsch dabei auf seine Rechnung. Eine Todesahnung befällt den Schlafenden, will ihn in das Grab versetzen, aber die Traumarbeit weiß die Bedingung auszuwählen, unter der auch dies gefürchtete Ereignis zur Traumerfüllung wird; der Träumer sieht sich in einem alten Etruskergrab, in das er selig über die Befriedigung seiner archäologischen Interessen hinabgestiegen war. Ähnlich macht der Mensch die Naturkräfte nicht einfach zu Menschen, mit denen er wie mit seinesgleichen verkehren kann, das würde auch dem überwältigenden Eindruck nicht gerecht werden, den er von ihnen hat, sondern er gibt ihnen Vatercharakter, macht sie zu Göttern, folgt dabei nicht nur einem infantilen, sondern auch, wie ich versucht habe zu zeigen, einem phylogenetischen Vorbild.

Mit der Zeit werden die ersten Beobachtungen von Regel- und Gesetzesmäßigkeit an den Naturerscheinungen gemacht, die Naturkräfte verlieren damit ihre menschlichen Züge. Aber die Hilflosigkeit der Menschen bleibt und damit ihre Vatersehnsucht und die Götter. Die Götter behalten ihre dreifache Aufgabe, die Schrecken der Natur zu bannen, mit der Grausamkeit des Schicksals, besonders wie es sich im Tode zeigt, zu versöhnen und für die Leiden und Entbehrungen zu entschädigen, die dem Menschen durch das kulturelle Zusammenleben auferlegt werden.

Aber allmählich verschiebt sich innerhalb dieser Leistungen der Akzent. Man merkt, daß die Naturerscheinungen sich nach inneren Notwendigkeiten von selbst entwickeln; gewiß sind die Götter die Herren der Natur, sie haben sie so eingerichtet und können sie nun sich selbst überlassen. Nur gelegentlich greifen sie in den sogenannten Wundern in ihren Lauf ein, wie um zu versichern, daß sie von ihrer ursprünglichen Machtsphäre nichts aufgegeben haben. Was die Austeilung der Schicksale betrifft, so bleibt eine unbehagliche Ahnung bestehen, daß der Rat- und Hilflosigkeit des Menschengeschlechts nicht abgeholfen werden kann. Hier versagen die Götter am ehesten; wenn sie selbst das Schicksal machen, so muß man ihren Ratschluß unerforschlich heißen; dem begabtesten Volk des Altertums dämmert die Einsicht, daß die Moira[2] über den Göttern steht und daß die Götter selbst ihre Schicksale haben. Und je mehr die Natur selbständig wird, die Götter sich von ihr zurückziehen, desto ernsthafter drängen alle Erwartungen auf die dritte Leistung, die ihnen zugewiesen ist, desto mehr wird das Moralische ihre eigentliche Domäne. Göttliche Aufgabe wird es nun, die Mängel und Schäden der Kultur auszugleichen, die Leiden in acht zu nehmen, die die Menschen im Zusammenleben einander zufügen, über die Ausführung der Kulturvorschriften zu wachen, die die Menschen so schlecht befolgen. Den Kulturvorschriften selbst wird göttlicher Ursprung zugesprochen, sie werden über die menschliche Gesellschaft hinausgehoben, auf Natur und Weltgeschehen ausgedehnt.

So wird ein Schatz von Vorstellungen geschaffen, geboren aus dem Bedürfnis, die menschliche Hilflosigkeit erträglich zu machen, erbaut aus dem Material der Erinnerungen an die Hilflosigkeit der eigenen und der Kindheit des Menschengeschlechts. Es ist deutlich erkennbar, daß dieser Besitz den Menschen nach zwei Richtungen beschützt, gegen die Gefahren der Natur und des Schicksals und gegen die Schädigungen aus der menschlichen Gesellschaft selbst. Im Zusammenhang lautet es: Das Leben in dieser Welt dient einem höheren Zweck, der zwar nicht leicht zu erraten ist, aber gewiß eine Vervollkommnung des menschlichen Wesens bedeutet. Wahrscheinlich soll das Geistige des Menschen, die Seele, die sich im Lauf der Zeiten so langsam und widerstrebend vom Körper getrennt hat, das Objekt dieser Erhebung und Erhöhung sein. Alles, was in dieser Welt vor sich geht, ist Ausführung der Absichten einer uns überlegenen Intelligenz, die, wenn auch auf schwer zu verfolgenden Wegen und Umwegen, schließlich alles zum Guten, d. h. für uns Erfreulichen lenkt. Über jedem von uns wacht eine gütige, nur scheinbar gestrenge Vorsehung, die nicht zuläßt, daß wir zum Spielball der überstarken und schonungslosen Naturkräfte werden; der Tod selbst ist keine Vernichtung, keine Rückkehr zum anorganisch Leblosen, sondern der Anfang einer neuen Art von Existenz, die auf dem Wege der Höherentwicklung liegt. Und nach der anderen Seite gewendet, dieselben Sittengesetze, die unsere Kulturen aufgestellt haben, beherrschen auch alles Weltgeschehen, nur werden sie von einer höchsten richterlichen Instanz mit ungleich mehr Macht und Konsequenz behütet. Alles Gute findet endlich seinen Lohn, alles Böse seine Strafe, wenn nicht schon in dieser Form des Lebens, so in den späteren Existenzen, die nach dem Tod beginnen. Somit sind alle Schrecken, Leiden und Härten des Lebens zur Austilgung bestimmt; das Leben nach dem Tode, das unser irdisches Leben fortsetzt, wie das unsichtbare Stück des Spektrums dem sichtbaren angefügt ist, bringt all die Vollendung, die wir hier vielleicht vermißt haben. Und die überlegene Weisheit, die diesen Ablauf lenkt, die Allgüte, die sich in ihm äußert, die Gerechtigkeit, die sich

[2] Moira bezeichnet in der Dichtung des Homer das Schicksal, dem selbst die Götter unterworfen sind.

in ihm durchsetzt, das sind die Eigenschaften der göttlichen Wesen, die auch uns und die Welt im ganzen geschaffen haben. Oder vielmehr des einen göttlichen Wesens, zu dem sich in unserer Kultur alle Götter der Vorzeiten verdichtet haben.

. . .

Die religiösen Vorstellungen, die vorhin zusammengefaßt wurden, haben natürlich eine lange Entwicklung durchgemacht, sind von verschiedenen Kulturen in verschiedenen Phasen festgehalten worden. Ich habe eine einzelne solche Entwicklungsphase herausgegriffen, die etwa der Endgestaltung in unserer heutigen weißen, christlichen Kultur entspricht. Es ist leicht zu bemerken, daß nicht alle Stücke dieses Ganzen gleich gut zueinanderstimmen, daß nicht alle dringenden Fragen beantwortet werden, daß der Widerspruch der täglichen Erfahrung nur mit Mühe abgewiesen werden kann. Aber so wie sie sind, werden diese Vorstellungen – die im weitesten Sinn religiösen – als der kostbarste Besitz der Kultur eingeschätzt, als das Wertvollste, was sie ihren Teilnehmern zu bieten hat, weit höher geschätzt als alle Künste, der Erde ihre Schätze zu entlocken, die Menschheit mit Nahrung zu versorgen oder ihren Krankheiten vorzubeugen.

. . .

In vergangenen Zeiten haben die religiösen Vorstellungen trotz ihres unbestreitbaren Mangels an Beglaubigung den allerstärksten Einfluß auf die Menschheit geübt. Das ist ein neues psychologisches Problem. Man muß fragen, worin besteht die innere Kraft dieser Lehren, welchem Umstand verdanken sie ihre von der vernünftigen Anerkennung unabhängige Wirksamkeit?

Ich meine, wir haben die Antwort auf beide Fragen genügend vorbereitet. Sie ergibt sich, wenn wir die psychische Genese der religiösen Vorstellungen ins Auge fassen. Diese, die sich als Lehrsätze ausgeben, sind nicht Niederschläge der Erfahrung oder Endresultate des Denkens, es sind Illusionen, Erfüllungen der ältesten, stärksten, dringendsten Wünsche der Menschheit; das Geheimnis ihrer Stärke ist die Stärke dieser Wünsche. Wir wissen schon, der schreckende Eindruck der kindlichen Hilflosigkeit hat das Bedürfnis nach Schutz – Schutz durch Liebe – erweckt, dem der Vater abgeholfen hat, die Erkenntnis von der Fortdauer dieser Hilflosigkeit durchs ganze Leben hat das Festhalten an der Existenz eines – aber nun mächtigeren – Vaters verursacht. Durch das gütige Walten der göttlichen Vorsehung wird die Angst vor den Gefahren des Lebens beschwichtigt, die Einsetzung einer sittlichen Weltordnung versichert die Erfüllung der Gerechtigkeitsforderung, die innerhalb der menschlichen Kultur so oft unerfüllt geblieben ist, die Verlängerung der irdischen Existenz durch ein zukünftiges Leben stellt den örtlichen und zeitlichen Rahmen bei, in dem sich diese Wunscherfüllungen vollziehen sollen. Antworten auf Rätselfragen der menschlichen Wißbegierde, wie nach der Entstehung der Welt und der Beziehung zwischen Körperlichem und Seelischem, werden unter den Voraussetzungen dieses Systems entwickelt; es bedeutet eine großartige Erleichterung für die Einzelpsyche, wenn die nie ganz überwundenen Konflikte der Kinderzeit aus dem Vaterkomplex ihr abgenommen und einer von allen angenommenen Lösung zugeführt werden.

Wenn ich sage, das alles sind Illusionen, muß ich die Bedeutung des Wortes abgrenzen. Eine Illusion ist nicht dasselbe wie ein Irrtum, sie ist auch nicht notwendig ein Irrtum. Die Meinung des Aristoteles, daß sich Ungeziefer aus Unrat entwickle, an der das unwissende Volk noch heute festhält, war ein Irrtum, ebenso die einer früheren ärztlichen Generation, daß die *Tabes dorsalis*[8] eine Folge von sexueller Ausschweifung sei. Es wäre mißbräuchlich, diese Irrtümer Illusionen zu heißen. Dagegen war es eine Illusion des Kolumbus, daß er einen neuen Seeweg nach Indien entdeckt habe. Der Anteil seines Wunsches an diesem Irrtum ist sehr deutlich. ... Wir heißen also einen Glauben eine Illusion, wenn sich in seiner Motivierung die Wunscherfüllung vordrängt, und sehen dabei von seinem Verhältnis zur Wirklichkeit ab, ebenso wie die Illusion selbst auf ihre Beglaubigungen verzichtet.
Wenden wir uns nach dieser Orientierung wieder zu den religiösen Lehren, so dürfen wir wiederholend sagen: Sie sind sämtlich Illusionen, unbeweisbar, niemand darf gezwungen werden, sie für wahr zu halten, sie zu glauben. Einige von ihnen sind so unwahrscheinlich, so sehr im Widerspruch zu allem, was wir mühselig über die Realität der Welt erfahren haben, daß man sie – mit entsprechender Berücksichtigung der psychologischen Unterschiede – den Wahnideen vergleichen kann. Über den Realitätswert der meisten von ihnen kann man nicht urteilen. So wie sie unbeweisbar sind, sind sie auch unwiderlegbar. Man weiß noch zuwenig, um ihnen kritisch näherzurücken. Die Rätsel der Welt entschleiern sich unserer Forschung nur langsam, die Wissenschaft kann auf viele Fragen heute noch keine Antwort geben. Die wissenschaftliche Arbeit ist aber für uns der einzige Weg, der zur Kenntnis der Realität außer uns führen kann. Es ist wiederum nur Illusion, wenn man von der Intuition und Selbstversenkung etwas erwartet; sie kann uns nichts geben als – schwer deutbare – Aufschlüsse über unser eigenes Seelenleben, niemals Auskunft über die Fragen, deren Beantwortung der religiösen Lehre so leicht wird. Die eigene Willkür in die Lücke eintreten zu lassen und nach persönlichem Ermessen dies oder jenes Stück des religiösen Systems für mehr oder weniger annehmbar zu erklären, wäre frevelhaft. Dafür sind diese Fragen zu bedeutungsvoll, man möchte sagen: zu heilig.

6. ERICH FROMM

Die sozialpsychologische Funktion der Religion

Fassen wir das bisher Gesagte kurz zusammen: Der Mensch strebt nach einem Maximum an Lustgewinn, die gesellschaftliche Realität zwingt ihn zu vielen Triebverzichten, und die Gesellschaft versucht, den einzelnen für diese Triebverzichte durch andere, für die Gesellschaft bzw. die herrschende Klasse unschädliche Befriedigungen zu entschädigen.

[8] Rückenmarkschwindsucht.

Diese Befriedigungen sind solche, die sich im wesentlichen in Phantasien vollziehen, und zwar in kollektiven, allen gemeinsamen; wir können sie als gemeinsame Phantasiebefriedigungen bezeichnen. Sie erfüllen eine wichtige Funktion in der gesellschaftlichen Realität. Insoweit diese Realbefriedigungen nicht gestattet, treten die Phantasiebefriedigungen als Ersatz ein und werden zu einer mächtigen Stütze der gesellschaftlichen Stabilität. Je größer die Versagungen sind, die die Menschen in der Realität erleiden, desto stärker muß dafür Sorge getragen werden, daß sie sich durch Phantasiebefriedigung für die realen Versagungen entschädigen können. Die Phantasiebefriedigungen haben die doppelte Funktion jedes Narkotikums, sie sind schmerzlindernd, aber gleichzeitig auch ein Hindernis der aktiven Einwirkung auf die Realität. Die gemeinsamen Phantasiebefriedigungen haben gegenüber den individuellen Tagträumen einen wesentlichen Vorzug darin, daß sie infolge ihrer Gemeinsamkeit für das Bewußtsein wirken wie eine Einsicht von realen Tatsachen. Eine Illusion, die von allen phantasiert wird, wird zur Realität. Die älteste dieser kollektiven Phantasiebefriedigungen ist die Religion. Mit der fortschreitenden Entwicklung der Gesellschaft werden die Phantasien komplizierter und in höherem Maße rational bearbeitet. Die Religion selbst wird differenzierter, neben sie tritt Dichtung, bildende Kunst, Philosophie und Moral als Inhalt der kollektiven Phantasien.

Inhalt und Umfang der Phantasiebefriedigungen werden bestimmt einerseits von der psychischen Konstitution, andererseits von der sozialen Realität. Die soziale Realität ist dadurch charakterisiert, daß sie in der bisherigen Geschichte der Menschheit immer eine Klassenrealität war, d. h., daß sich immer eine herrschende, psychisch die Vaterrolle einnehmende, und eine beherrschte, die Kinderrolle einnehmende Klasse gegenüberstanden. Das bedeutet, daß die Richtung der Triebbedürfnisse und Befriedigungen der Masse nicht nur bestimmt wird von der allgemeinen gesellschaftlichen Situation, d. h. vom jeweiligen Grad der Beherrschung der Natur durch die Menschen, sondern speziell von der Klassensituation, die erfordert, daß der Angehörige der beherrschten Klasse sich in einem für die gesellschaftliche Stabilität zweckmäßigen psychischen Abhängigkeitsverhältnis zur herrschenden Klasse befindet. Die Religion hat also eine dreifache Funktion: für alle Menschen die des Trostes für die allen vom Leben aufgezwungenen Versagungen, für die große Masse die der suggestiven Beeinflussung im Sinne ihres psychischen Abfindens mit ihrer Klassensituation und für die herrschende Klasse die der Entlastung vom Schuldgefühl gegenüber der Not der von ihr Unterdrückten.

7. ALBERT CAMUS

Der Mythos von Sisyphus

Der ewige Rebell

Die Götter hatten Sisyphus dazu verurteilt, unablässig einen Felsblock einen Berg hinaufzuwälzen, von dessen Gipfel der Stein von selbst wieder hinunterrollte. Sie hatten mit einiger Berechtigung bedacht, daß es keine fürchterlichere Strafe gibt als eine unnütze und aussichtslose Arbeit.

Wenn man *Homer* Glauben schenken will, war Sisyphus der weiseste und klügste unter den Sterblichen. Nach einer anderen Überlieferung jedoch betrieb er das Gewerbe eines Straßenräubers. Ich sehe darin keinen Widerspruch. Über die Gründe, weshalb ihm in der Unterwelt das Dasein eines unnützen Arbeiters beschert wurde, gehen die Meinungen auseinander. Vor allem wirft man ihm eine gewisse Leichtfertigkeit im Umgang mit den Göttern vor. Er gab ihre Geheimnisse preis. Egina, die Tochter des Asopos, wurde von Jupiter entführt. Der Vater wunderte sich über ihr Verschwinden und beklagte sich darüber bei Sisyphus. Der wußte von der Entführung und wollte sie Asopos unter der Bedingung verraten, daß er der Burg von Korinth Wasser verschaffte. Den himmlischen Blitzen zog er den Segen des Wassers vor. *Homer* erzählt uns auch, Sisyphus habe den Tod in Ketten gelegt. Pluto konnte den Anblick seines stillen, verödeten Reiches nicht ertragen. Er verständigte den Kriegsgott, der den Tod aus den Händen seines Überwinders befreite.

Außerdem heißt es, Sisyphus wollte, als er zum Sterben kam, törichterweise die Liebe seiner Frau erproben. Er befahl ihr, seinen Leichnam unbestattet auf den Markt zu werfen. Sisyphus kam in die Unterwelt. Dort wurde er von ihrem Gehorsam, der aller Menschenliebe widersprach, derart aufgebracht, daß er von Pluto die Erlaubnis erwirkte, auf die Erde zurückzukehren und seine Frau zu züchtigen. Als er aber diese Welt noch einmal geschaut, das Wasser und die Sonne, die warmen Steine und das Meer wieder geschmeckt hatte, wollte er nicht mehr ins Schattenreich zurück. Alle Aufforderungen, Zornausbrüche und Warnungen fruchteten nichts. Er lebte noch viele Jahre am Golf, am leuchtenden Meer, auf der lächelnden Erde und mußte erst von den Göttern festgenommen werden. Merkur packte den Vermessenen beim Kragen, entriß ihn seinen Freunden und brachte ihn gewaltsam in die Unterwelt zurück, in der sein Felsblock schon bereitlag.

Kurz und gut: Sisyphus ist der Held des Absurden. Dank seiner Leidenschaften und dank seiner Qual. Seine Verachtung der Götter, sein Haß gegen den Tod und seine Liebe zum Leben haben ihm die unsagbare Marter aufgewogen, bei der sein ganzes Sein sich abmüht und nichts zustande bringt. Damit werden die Leidenschaften dieser Erde bezahlt. Über Sisyphus in der Unterwelt wird uns nichts weiter berichtet. Mythen sind dazu da, von der Phantasie belebt zu werden. So sehen wir nur, wie sein angespannter Körper sich anstrengt, den gewaltigen Stein fortzubewegen, ihn hinaufzuwälzen und mit ihm wieder und wieder einen Abhang zu erklimmen; wir sehen das verzerrte Gesicht, die Wange, die sich an den

Stein schmiegt, sehen, wie eine Schulter sich gegen den erdbedeckten Koloß legt, wie sein Fuß ihn stemmt und der Arm die Bewegung aufnimmt, wir erleben die ganze menschliche Selbstsicherheit zweier erdbeschmutzter Hände. Schließlich ist nach dieser langen Anstrengung (gemessen an einem Raum, der keinen Himmel, und an einer Zeit, die keine Tiefe kennt) das Ziel erreicht. Und nun sieht Sisyphus, wie der Stein im Nu in jene Tiefe rollt, aus der er ihn wieder auf den Gipfel wälzen muß. Er geht in die Ebene hinunter.

Auf diesem Rückweg, während dieser Pause, interessiert mich Sisyphus. Ein Gesicht, das sich so nahe am Stein abmüht, ist selber bereits Stein. Ich sehe, wie dieser Mann schwerfälligen, aber gleichmäßigen Schrittes zu der Qual hinuntergeht, deren Ende er nicht kennt. Diese Stunde, die gleichsam ein Aufatmen ist und ebenso zuverlässig wiederkehrt wie sein Unheil, ist die Stunde des Bewußtseins. In diesen Augenblicken, in denen er den Gipfel verläßt und allmählich in die Höhlen der Götter entschwindet, ist er seinem Schicksal überlegen. Er ist stärker als sein Fels.

Dieser Mythos ist tragisch, weil sein Held bewußt ist. Worin bestünde tatsächlich seine Strafe, wenn ihm bei jedem Schritt die Hoffnung auf Erfolg neue Kraft gäbe? Heutzutage arbeitet der Werktätige sein Leben lang unter gleichen Bedingungen, und sein Schicksal ist genauso absurd. Tragisch ist es aber nur in den wenigen Augenblicken, in denen der Arbeiter bewußt wird. Sisyphus, der ohnmächtige und rebellische Prolet der Götter, kennt das ganze Ausmaß seiner unseligen Lage: über sie denkt er während des Abstiegs nach. Das Wissen, das seine eigentliche Qual bewirken sollte, vollendet gleichzeitig seinen Sieg. Es gibt kein Schicksal, das durch Verachtung nicht überwunden werden kann.

Fluch und Seligkeit

Wenn der Abstieg so manchen Tag in den Schmerz führt, er kann doch auch in der Freude enden. Damit wird nicht zuviel behauptet. Ich sehe wieder Sisyphus vor mir, wie er zu seinem Stein zurückkehrt und der Schmerz von neuem beginnt. Wenn die Bilder der Erde zu sehr im Gedächtnis haften, wenn das Glück zu dringend mahnt, dann steht im Herzen des Menschen die Trauer auf: Das ist der Sieg des Steins, ist der Stein selber. Die gewaltige Not wird schier unerträglich. Unsere Nächte von Gethsemane sind das. Aber die niederschmetternden Wahrheiten verlieren an Gewicht, sobald sie erkannt werden. So gehorcht Ödipus zunächst unwissentlich dem Schicksal. Erst mit Beginn seines Wissens hebt seine Tragödie an. Gleichzeitig aber erkennt er in seiner Blindheit und Verzweiflung, daß ihn nur noch die kühle Hand eines jungen Mädchens mit der Welt verbindet. Und nun fällt ein maßloses Wort: „Allen Prüfungen zum Trotz – mein vorgerücktes Alter und die Größe meiner Seele sagen mir, daß alles gut ist." So formuliert der Ödipus des *Sophokles* (wie Kirilow bei *Dostojewski)* den Sieg des Absurden. Antike Weisheit verbindet sich mit modernem Heroismus.

Man entdeckt das Absurde nicht, ohne in die Versuchung zu geraten, irgendein Handbuch des Glücks zu schreiben. „Was! Auf so schmalen Wegen . . .?" Es gibt aber nur eine Welt. Glück und Absurdität entstammen ein und derselben Erde.

Sie sind untrennbar miteinander verbunden. Irrtum wäre es, wollte man behaupten, daß das Glück zwangsläufig der Entdeckung des Absurden entspringe. Wohl kommt es vor, daß das Gefühl des Absurden dem Glück entspringt. „Ich finde, daß alles gut ist", sagt Ödipus, und dieses Wort ist heilig. Es wird in dem grausamen und begrenzten Universum des Menschen laut. Es lehrt, daß noch nicht alles erschöpft ist, daß noch nicht alles ausgeschöpft wurde. Es vertreibt aus dieser Welt einen Gott, der mit dem Unbehagen und mit der Vorliebe für nutzlose Schmerzen in sie eingedrungen war. Es macht aus dem Schicksal eine menschliche Angelegenheit, die unter Menschen geregelt werden muß.
Darin besteht die ganze verschwiegene Freude des Sisyphus. Sein Schicksal gehört ihm. Sein Fels ist seine Sache. Ebenso läßt der absurde Mensch, wenn er seine Qual bedenkt, alle Götzenbilder schweigen. Im Universum, das plötzlich wieder seinem Schweigen anheimgegeben ist, werden die tausend kleinen, höchst verwunderten Stimmen der Erde laut. Unbewußte, heimliche Rufe, Aufforderungen aller Gesichter bilden die unerläßliche Kehrseite und den Preis des Sieges. Ohne Schatten gibt es kein Licht; man muß auch die Nacht kennenlernen. Der absurde Mensch sagt ja, und seine Mühsal hat kein Ende mehr. Wenn es ein persönliches Geschick gibt, dann gibt es kein übergeordnetes Schicksal oder zumindest nur eines, das er unheilvoll und verächtlich findet. Darüber hinaus weiß er sich als Herr seiner Zeit. Gerade in diesem Augenblick, in dem der Mensch sich wieder seinem Leben zuwendet (ein Sisyphus, der zu seinem Stein zurückkehrt), bei dieser leichten Drehung betrachtet er die Reihe unzusammenhängender Taten, die sein Schicksal werden, seine ureigene Schöpfung, die in seiner Erinnerung geeint ist und durch den Tod alsbald besiegelt wird. Überzeugt von dem rein menschlichen Ursprung alles Menschlichen, ist er also immer unterwegs – ein Blinder, der sehen möchte und weiß, daß die Nacht kein Ende hat. Der Stein rollt wieder.
Ich verlasse Sisyphus am Fuße des Berges! Seine Last findet man immer wieder. Nur lehrt Sisyphus uns die größere Treue, die die Götter leugnet und die Steine wälzt. Auch er findet, daß alles gut ist. Dieses Universum, das nun keinen Herrn mehr kennt, kommt ihm weder unfruchtbar noch wertlos vor. Jedes Gran dieses Steins, jeder Splitter dieses durchnächtigten Berges bedeutet allein für ihn eine ganze Welt. Der Kampf gegen Gipfel vermag ein Menschenherz auszufüllen. Wir müssen uns Sisyphus als einen glücklichen Menschen vorstellen.

8. JEAN-PAUL SARTRE

Atheismus als Voraussetzung für Freiheit und Humanismus

Verwickelt werden die Dinge dadurch, daß es zwei Arten von Existentialisten[1] gibt: die ersten, welche Christen sind, unter die ich Jaspers und Gabriel Marcel (dieser katholischer Konfession) einreihen würde; und auf der anderen Seite die atheistischen Existentialisten, zu denen Heidegger und auch die französischen Existentialisten und ich selber zu stellen sind. Gemeinsam haben sie die Überzeugung, daß die Existenz der Essenz vorangehe oder, wenn Sie wollen, daß man von der Ichheit ausgehen muß. Was soll man genauer darunter verstehen? Betrachten wir ein Artefakt, z B. ein Buch oder ein Papiermesser, so ist dieser Gegenstand von einem Handwerker angefertigt worden, der sich von einem Begriff hat anregen lassen; er hat sich auf den Begriff Papiermesser bezogen und zugleich auf eine vorher bestehende Technik der Erzeugung, welche zu dem Begriff gehört und im Grunde ein Rezept ist. Somit ist das Papiermesser zugleich ein Gegenstand, der auf eine bestimmte Art hergestellt wird und andererseits eine bestimmte Verwendung hat; und man kann sich nicht einen Menschen vorstellen, der ein Papiermesser anfertigte, ohne zu wissen, wozu der Gegenstand dienen soll. Wir werden also sagen, daß in bezug auf das Papiermesser die Essenz – d. h. die Summe der Rezepte und Eigenschaften, die erlauben, es anzufertigen und es zu bestimmen – der Existenz vorangeht, und so ist die Anwesenheit mir gegenüber solch eines Papiermessers oder solch eines Buches determiniert. Wir haben also hier ein technisches Bild der Welt, in der, kann man sagen, die Erzeugung der Existenz vorausgeht.

Wenn wir einen Schöpfer-Gott annehmen, so wird dieser Gott meistens einem höherstehenden Handwerker angeglichen; und was für eine theologische Lehre wir auch betrachten, ob es sich um eine Lehre wie die von Descartes oder von Leibniz handelt, wir räumen immer ein, daß der Wille mehr oder weniger dem Verstand folgt oder ihn wenigstens begleitet und daß Gott, wenn er schafft, genau weiß, was er schafft.

Demnach ist der Begriff Mensch im Geiste Gottes dem Begriff Papiermesser im Geiste des Handwerkers anzugleichen, und Gott erzeugt den Menschen nach Techniken und einem Begriff, genau wie der Handwerker ein Papiermesser nach einer Definition und einer Technik anfertigt. So verwirklicht der individuelle Mensch einen bestimmten Begriff, der im göttlichen Verstande ist. Im 18. Jahrhundert wird in den atheistischen Lehren der Philosophen der Begriff Gottes abgeschafft, aber nicht ebensosehr die Idee, daß die Essenz der Existenz vorangehe.

Diese Idee finden wir sozusagen überall wieder: wir finden sie bei Diderot, bei Voltaire und selbst bei Kant wieder. Der Mensch ist Eigentümer einer menschlichen Natur; diese menschliche Natur, welche der Begriff des Menschen ist, findet

[1] Die Klassifizierung des Existentialismus, die Sartre 1946 gab, kann so nicht aufrechterhalten werden. Sie ist für den weiteren Text auch nicht wesentlich.

sich bei allen Menschen wieder. Dies bedeutet, daß jeder Mensch ein besonderes Beispiel eines allgemeinen Begriffs „Der Mensch" ist. Bei Kant geht aus dieser Allgemeinheit hervor, daß sowohl der Urwaldmensch, der Naturmensch wie der Bürger derselben Begriffsbestimmung unterworfen ist und dieselben Grundeigenschaften besitzt. Somit geht auch hier noch die Essenz des Menschen der geschichtlichen Existenz voraus, der wir in der Natur begegnen.
Der atheistische Existentialismus, für den ich stehe, ist zusammenhängender. Er erklärt, daß, wenn Gott nicht existiert, es mindestens ein Wesen gibt, bei dem die Existenz der Essenz vorausgeht, ein Wesen, das existiert, bevor es durch irgendeinen Begriff definiert werden kann, und daß dieses Wesen der Mensch oder, wie Heidegger sagt, die menschliche Wirklichkeit ist. Was bedeutet hier, daß die Existenz der Essenz vorausgeht? Es bedeutet, daß der Mensch zuerst existiert, sich begegnet, in der Welt auftaucht und sich danach definiert.
Wenn der Mensch so, wie ihn der Existentialist begreift, nicht definierbar ist, so darum, weil er anfangs überhaupt nichts ist. Er wird erst in der weiteren Folge sein, und er wird so sein, wie er sich geschaffen haben wird. Also gibt es keine menschliche Natur, da es keinen Gott gibt, um sie zu entwerfen. Der Mensch ist lediglich so, wie er sich konzipiert – ja nicht allein so, sondern wie er sich will und wie er sich nach der Existenz konzipiert, wie er sich will nach diesem Sichschwingen auf die Existenz hin; der Mensch ist nichts anderes, als wozu er sich macht.
Das ist der erste Grundsatz des Existentialismus.

. . .

Aber wenn wirklich die Existenz der Essenz vorausgeht, so ist der Mensch verantwortlich für das, was er ist. Somit ist der erste Schritt des Existentialismus, jeden Menschen in Besitz dessen, was er ist, zu bringen und auf ihm die gänzliche Verantwortung für seine Existenz ruhen zu lassen. Und wenn wir sagen, daß der Mensch für sich selber verantwortlich ist, so wollen wir nicht sagen, daß der Mensch gerade eben nur für seine Individualität verantwortlich ist, sondern daß er verantwortlich ist für alle Menschen . . . Aber damit wollen wir ebenfalls sagen, daß, indem er sich wählt, er alle Menschen wählt. Tatsächlich gibt es nicht eine unserer Handlungen, die, indem sie den Menschen schafft, der wir sein wollen, nicht gleichzeitig ein Bild des Menschen schafft, so wie wir meinen, daß er sein soll. Wählen, dies oder jenes zu sein, heißt gleichzeitig, den Wert dessen, was wir wählen, bejahen, denn wir können nie das Schlechte wählen. Was wir wählen, ist immer das Gute, und nichts kann für uns gut sein, wenn es nicht gut für alle ist.

. . .

Der Mensch, der sich bindet und der sich Rechenschaft gibt, daß er nicht nur der ist, den er wählt, sondern außerdem ein Gesetzgeber, der gleichzeitig mit sich die ganze Menschheit wählt, kann dem Gefühl seiner vollen und tiefen Verantwortlichkeit schwerlich entrinnen.

. . .

Alles geschieht so, wie wenn die ganze Menschheit in bezug auf jeden Menschen die Augen darauf gerichtet hätte, was er tut, und sich, was er tut, zur Regel nehmen würde. Und jeder Mensch muß sich sagen: Bin ich wirklich der, welcher das Recht hat, auf solche Weise zu handeln, daß die Menschheit sich meine Taten zur Regel nimmt?

...

Als gegen 1880 französische Professoren eine weltliche Moral aufzustellen versuchten, sagten sie ungefähr folgendes: Gott ist eine unnütze und kostspielige Hypothese; wir unterdrücken sie, jedoch ist trotzdem notwendig – damit es eine Sittlichkeit, eine Gesellschaft und eine bürgerlich geordnete Welt überhaupt gebe –, daß einige Werte ernst genommen und als a priori[2] bestehend angesehen werden. Es muß a priori pflichtmäßig sein, daß man ehrenhaft ist, daß man nicht lügt, daß man seine Frau nicht schlägt, daß man Kinder auf die Welt setzt usw. usw. ..., wir werden also eine kleine Arbeit unternehmen, die erlauben wird zu zeigen, daß diese Werte trotz allem bestehen, daß sie in einem intelligiblen Himmel[3] verzeichnet sind, wenn andererseits es auch keinen Gott gibt. Mit anderen Worten (und dies, glaube ich, ist die Gedankenrichtung von allem, was man in Frankreich Radikalismus nennt), nichts wird geändert sein, wenn Gott nicht existiert; wir werden dieselben Richtsätze von Ehrenhaftigkeit, von Fortschritt, von Menschlichkeit wiederfinden, und wir werden aus Gott eine verjährte Hypothese gemacht haben, die ruhig und von selber sterben wird.
Der Existentialist denkt im Gegenteil, es sei sehr störend, daß Gott nicht existiert, denn mit ihm verschwindet alle Möglichkeit, Werte in einem intelligiblen Himmel zu finden; es kann nichts a priori Gutes mehr geben, da es kein unendliches und vollkommenes Bewußtsein mehr gibt, um es zu denken. Nirgends steht geschrieben, daß das Gute existiert, daß man ehrenhaft sein soll, daß man nicht lügen soll; genau aus dem Grunde, weil wir auf einer Ebene uns befinden, wo es nur Menschen gibt. Dostojewski hatte geschrieben: „Wenn Gott nicht existierte, so wäre alles erlaubt." Das ist der Ausgangspunkt des Existentialismus. In der Tat, alles ist erlaubt, wenn Gott nicht existiert, und demzufolge ist der Mensch verlassen, da er weder in sich noch außerhalb seiner eine Möglichkeit findet, sich anzuklammern. Vor allem findet er keine Entschuldigungen. Geht tatsächlich die Existenz der Essenz voraus, so kann man nie durch Bezugnahme auf eine gegebene und feststehende menschliche Natur Erklärungen geben; anders gesagt, es gibt keine Vorausbestimmung mehr, der Mensch ist frei, der Mensch ist Freiheit.
Wenn wiederum Gott nicht existiert, so finden wir uns keinen Werten, keinen Geboten gegenüber, die unser Betragen rechtfertigen. So haben wir weder hinter uns noch vor uns, im Lichtreich der Werte, Rechtfertigungen oder Entschuldigungen. Wir sind allein, ohne Entschuldigungen. Das ist es, was ich durch die Worte ausdrücken will: Der Mensch ist verurteilt, frei zu sein. Verurteilt, weil er sich nicht selbst erschaffen hat, anderweit aber dennoch frei, da er, einmal in die Welt geworfen, für alles verantwortlich ist, was er tut. Der Existentialist glaubt nicht an die Macht der Leidenschaft. Er wird nie denken, daß eine schöne Leidenschaft ein

[2] a priori – von vorneherein, hier: unabhängig von menschlicher Setzung.
[3] Intelligibler Himmel: ein nicht reales, durch das Denken erschließbares Reich der Ideen. Kennzeichnend für platonisches Denken.

verwüstender Wildbach ist, der den Menschen unvermeidlich zu gewissen Taten führt und der deshalb eine Entschuldigung ist. Er denkt, der Mensch sei für seine Leidenschaft verantwortlich ... Er denkt also, daß der Mensch ohne irgendeine Stütze und ohne irgendeine Hilfe in jedem Augenblick verurteilt ist, den Menschen zu erfinden.

...

Der Existentialismus ist nichts anderes als eine Bemühung, alle Folgerungen aus einer zusammenhängenden atheistischen Einstellung zu ziehen. Er versucht keineswegs, den Menschen in Verzweiflung zu stürzen. Aber wenn man, wie die Christen, jede Haltung des Unglaubens Verzweiflung nennt, so geht der Existentialismus von der Urverzweiflung aus. Der Existentialismus ist mithin nicht ein Atheismus im Sinne, daß er sich erschöpfen würde im Beweis, Gott existiere nicht. Eher erklärt er: Selbst wenn es einen Gott gäbe, würde das nichts ändern; das ist unser Standpunkt. Nicht, als ob wir glaubten, daß Gott existiert, aber wir denken, daß die Frage nicht die seiner Existenz ist. Der Mensch muß sich selber wieder finden und sich überzeugen, daß ihn nichts vor ihm selber retten kann, wäre es auch ein gültiger Beweis der Existenz Gottes.
In diesem Sinne ist der Existentialismus ein Optimismus, eine Lehre der Tat, und nur aus Böswilligkeit können die Christen, ihre eigene Verzweiflung mit der unseren verwechselnd, uns zu Verzweifelten stempeln.

9. BERTRAND RUSSELL

Angst als Grundlage der Religion

Die Religion stützt sich vor allem und hauptsächlich auf die Angst. Teils ist es die Angst vor dem Unbekannten und teils, wie ich schon sagte, der Wunsch zu fühlen, daß man eine Art großen Bruder hat, der einem in allen Schwierigkeiten und Kämpfen beisteht. Angst ist die Grundlage des Ganzen – Angst vor dem Geheimnisvollen, Angst vor Niederlagen, Angst vor dem Tod. Die Angst ist die Mutter der Grausamkeit, und es ist deshalb kein Wunder, daß Grausamkeit und Religion Hand in Hand gehen, weil beide aus der Angst entspringen. Wir beginnen nun langsam, die Welt zu verstehen und sie zu meistern, mit Hilfe einer Wissenschaft, die sich gewaltsam Schritt für Schritt ihren Weg gegen die christliche Religion, gegen die Kirchen und im Widerspruch zu den überlieferten Geboten erkämpft hat. Die Wissenschaft kann uns helfen, die feige Furcht zu überwinden, in der die Menschheit seit so vielen Generationen lebt. Die Wissenschaft, und ich glaube auch unser eigenes Herz, kann uns lehren, nicht mehr nach einer eingebildeten Hilfe zu suchen und Verbündete im Himmel zu ersinnen, sondern vielmehr hier unten unsere eigenen Anstrengungen darauf zu richten, die Welt zu einem Ort zu machen, der es wert ist, darin zu leben, und nicht zu dem, was die Kirchen in all den Jahrhunderten daraus gemacht haben.

10. ERNST BLOCH

Hoffnung, das Erbe der Religion für den Atheismus

Es ist dieses noch unbekannte Zukünftige in den Menschen, nicht das bereits Zuhandene, Vorhandene in ihnen, das durch die wechselnden Himmelshypostasen[1] hindurch wesentlich gemeint war. So haben die Religionsstifter wachsend Humanum in Gott eingesetzt, d. h. hier, wachsend das menschliche Inkognito durch immer nähere Jenseitsgestalten umkreist. Derart sind alle Benennungen und Ernennungen Gottes riesige Figurierungen und Deutungsversuche des menschlichen Geheimnisses gewesen: durch religiöse Ideologien hindurch und trotz dieser Ideologien die verborgene Menschengestalt intendierend. Mit dem vorhandenen Menschenbild deckten sich die Wunsch-, gar die utopischen Gesichtshypostasen ersichtlich nicht: sie waren ebenso unheimlicher wie rätselhaft vertrauter als das jeweils vorhandene Menschenbild, jeweils regierende menschliche Leitbild. Das zugleich Vertraute wie ganz Andere, als Zeichen der religiösen Schicht, von Tiergöttern bis zu einem Machtgott, bis zum Heilandsgott, wird als solche *Deutungsprojektion des homo absconditus*[2] und seiner Welt verständlich. Der Tiergott mischte Wildes, Grauenhaftes, Dumpfes, wie kein Mensch es hat, ins Gesicht. Der Machtgott mit dem charakteristischen Superlativ seines Wesens (nemo potest contra Deum nise Deus ipse[3]) trug die Unheimlichkeit der Unendlichkeit herbei, den Donnerhimmel ohne Grenzen, ein Tyrannisches, wie wiederum kein Mensch es hat und wie es doch zur vollendeten Übertriebenheit der religiösen Projektion gehört, zu diesem Superlativ, diesem Überbietenden. Der Heilandsgott letzthin, in Gestalt des Sohns, ist lauter Heimlichkeit, doch so, daß sie erst recht das Überbietende mitführt, nämlich als Furchtvertreibung für alle Getauften, die die Projektion Christi ihrem alten Adam zugefügt haben. Das Überbietende in dieser letzten Gestalt gibt sich der Hoffnung unmittelbar als das Wunderbare, dergestalt, als schmeckte der wirkliche Kern des Inkognitos süß. Daher: „Hoffnung läßt nicht zuschanden werden" (Röm 5,5); gar: „Ich halte dafür, daß dieser Zeit Leiden der Herrlichkeit nicht wert sei, die an uns soll offenbart werden" (Röm 8,18); gar: „Das kein Auge gesehen hat und kein Ohr gehört und in keines Menschen Herz gekommen, das hat Gott bereitet denen, die ihn lieben" (1 Kor 2,9). All das sind Anthropologisierungen[4] der Religion, die in wachsender Tiefe ebenso Religionen des unbekannten und aus der Unbekanntheit aufsteigenden Anthropos sind: „Bis daß wir alle hinan kommen zu einerlei Glauben und Erkenntnis des Sohns Gottes und ein vollkommener Mann werden, der sei in den Maßen des vollkommenen Alters Christi" (Eph 4,13). Item: Die christliche Hoffnung war, daß alles erlöster Mensch sei, auch einschließlich der verklärten Natur; in der nicht Sonne noch Mond mehr scheint, sondern ihre Leuchte ist das Lamm.

[1] Himmelshypostasen – Gestalten des Himmels, göttliche Wesen.
[2] homo absconditus – der verborgene Mensch, sein noch nicht entdecktes Wesen.
[3] nemo potest ... Keiner vermag etwas gegen Gott außer Gott selbst; traditioneller theologischer Satz über die Allmacht Gottes.
[4] Anthropologisierungen – Vermenschlichungen, von griech. anthropos = Mensch.

Und keine anthropologische Kritik der Religion raubt die Hoffnung, auf die das Christentum aufgetragen ist; sie entzieht dieser Hoffnung einzig das, was sie als Hoffnung aufhöbe und zur abergläubischen Zuversicht machte: die ausgemalte, ausgemachte, die unsinnig irreale, aber als real hypostasierte Mythologie[5] ihrer Erfüllung. Die Kritik bringt die Religionsinhalte auf den menschlichen Wunsch zurück, allerdings auf den größten, gründlichsten, auf den, der auf die Dauer nie unwesentlich wird, indem er selber nichts anderes ist als die Intention auf das Wesen. Dies Wesen kann vereitelt werden, mythologisch ist diese Vereitlung unter der Hölle gedacht, aber seine Nichtvereitlung war mythologisch als Gottwerdung gedacht. Gott erscheint so als *hypostasiertes Ideal des in seiner Wirklichkeit noch ungewordenen Menschenwesens;* er erscheint als utopische Entelechie[6] der Seele.

...

Die Gottvorstellung, *mit deren transzendenter Irrealität in Vergangenheit und Zukunft Ernst gemacht wird,* wird als Ideal lediglich durch seine anthropologische Auflösung erfüllt, allerdings durch eine andere, völlig andere Auflösung als in die bisher, während der menschlichen Vorgeschichte, herausgearbeitete menschliche Existenz. Barth[7] oder die theistische Heteronomie nennt die großen religiösen Bekundungen „Einschlagstrichter", welche zeigen, daß eine Offenbarung stattgefunden hat. Feuerbach[8] oder die atheistische Autonomie faßt diese Bekundungen, vorab die biblischen, umgekehrt und einzig richtig als Protuberanzen, welche zeigen, daß eine totale Wunschextension des Humanum stattgefunden hat und eine ebensolche Sinnversuchung der Welt. Ja, statt der vielen einzelnen *Hoffnungen* wurde in den großen Religionen die *Hoffnung selber* versucht, welche die vielen einzelnen umfassen und zentrieren sollte. Ganz und gar aber nichts als Ens realissimum[9], und das mit dem Untertanenreflex von Proskynesis[10] und Thron. Die Wahrheit des Gottesideals ist einzig die Utopie des Reichs, zu dieser ist gerade Voraussetzung, daß kein Gott in der Höhe bleibt, indem ohnehin keiner dort ist oder jemals war.

...

Aber kein von Furcht befreiender Atheismus befreite ja von den Wunschinhalten und Hoffnungsschätzen der Religion, außer in seiner kärglichsten und total negativen Gestalt, im Vulgärmaterialismus des 19. Jahrhunderts, der sich nur durch sein Bildungsphilisterium von dem vollkommenen Verlust dieser Hoffnungsinhalte, also vom Nihilismus, abhielt. Atheismus brachte diese transzendenten Schätze viel-

[5] Real hypostasierte Mythologie: Gemeint ist hier wohl die in Wirklichkeit irreale, aber von den Religionen als real angenommene Welt des Paradieses mit all den guten Gaben, die Gegenstand menschlicher Hoffnung sind.

[6] Entelechie – griech.: was ein Ziel in sich hat, wirkmächtiges Ziel.

[7] Barth, bedeutender ev. Theologe.

[8] Feuerbach, vgl. Text 2 dieses Heftes.

[9] Ens realissimum: das Seiende, dem die höchste Wirklichkeit zukommt, gemeint ist Gott; alter scholastischer Begriff.

[10] Proskynesis – Fußfall als Zeichen göttlicher Verehrung.

mehr in die Immanenz . . . Der Atheismus hat nichts weniger geerbt als den gesamten Selbsteinsatz der Stifter ins religiöse Geheimnis, mithin das kräftigste religiöse Positivum . . . Der Atheist, der das unter Gott Gedachte als eine Anweisung zum unerschienenen Menschenbild begriffen hat, ist kein Antichrist.

11. LUDWIG WITTGENSTEIN

Die Unmöglichkeit, von Gott zu sprechen

6.432 Wie die Welt ist, ist für das Höhere vollkommen gleichgültig. Gott offenbart sich nicht *in* der Welt[1].

. . .

6.44 Nicht *wie* die Welt ist, ist das Mystische, sondern *daß* sie ist.

6.45 Die Anschauung der Welt sub specie aeterni ist ihre Anschauung als – begrenztes – Ganzes. Das Gefühl der Welt als begrenztes Ganzes ist das mystische.

6.5 Zu einer Antwort, die man nicht aussprechen kann, kann man auch die Frage nicht aussprechen.
Das *Rätsel* gibt es nicht.
Wenn sich eine Frage überhaupt stellen läßt, so *kann* sie auch beantwortet werden.

6.51 Skeptizismus ist *nicht* unwiderleglich, sondern offenbar unsinnig, wenn er bezweifeln will, wo nicht gefragt werden kann. Denn Zweifel kann nur bestehen, wo eine Frage besteht; eine Frage nur, wo eine Antwort besteht, und diese nur, wo etwas *gesagt* werden *kann*.

6.52 Wir fühlen, daß selbst, wenn alle *möglichen* wissenschaftlichen Fragen beantwortet sind, unsere Lebensprobleme noch gar nicht berührt sind. Freilich bleibt dann eben keine Frage mehr; und eben dies ist die Antwort.

6.521 Die Lösung des Problems des Lebens merkt man am Verschwinden dieses Problems. (Ist nicht dies der Grund, warum Menschen, denen der Sinn des Lebens nach langen Zweifeln klar wurde, warum diese dann nicht sagen konnten, worin dieser Sinn bestand.)

6.522 Es gibt allerdings Unaussprechliches. Dies *zeigt* sich, es ist das Mystische.

[1] Der Textauszug bildet den Abschluß des Tractatus logico-philosophicus, dessen Sätze von Wittgenstein so numeriert wurden, daß die jeweils größere Zahl (z. B. 6.51) als Erläuterung oder untergeordnete Aussage zu der kleineren Zahl (z. B. 6.5) anzusehen ist. Den Sinn des ganzes Buches faßt er im Vorwort so zusammen: „Was sich überhaupt sagen läßt, läßt sich klar sagen; und wovon man nicht reden kann, darüber muß man schweigen." Zum Schluß des Vorwortes heißt es: „Dagegen scheint mir die Wahrheit der hier mitgeteilten Gedanken unantastbar und definitiv. Ich bin also der Meinung, die Probleme im wesentlichen endgültig gelöst zu haben. Und wenn ich mich hierin nicht irre, so besteht nun der Wert dieser Arbeit zweitens darin, daß sie zeigt, wie wenig damit getan ist, daß die Probleme gelöst sind."

6.53 Die richtige Methode der Philosophie wäre eigentlich die: Nichts zu sagen, als was sich sagen läßt, also Sätze der Naturwissenschaft[2], also etwas, was mit Philosophie nichts zu tun hat – und dann immer, wenn ein anderer etwas Metaphysisches sagen wollte, ihm nachzuweisen, daß er gewissen Zeichen in seinen Sätzen keine Bedeutung gegeben hat. Diese Methode wäre für den anderen unbefriedigend – er hätte nicht das Gefühl, daß wir ihn Philosophie lehrten – aber sie wäre die einzig streng richtige.

6.54 Meine Sätze erläutern sich dadurch, daß sie der, welcher mich versteht, am Ende als unsinnig erkennt, wenn er durch sie – auf ihnen – über sie hinausgestiegen ist. (Er muß sozusagen die Leiter wegwerfen, nachdem er auf ihr hinaufgestiegen ist).
Er muß diese Sätze überwinden, dann sieht er die Welt richtig.

7 Wovon man nicht sprechen kann, darüber muß man schweigen.

[2] Die Aussage hängt mit einer früher genannten These Wittgensteins eng zusammen, wo er das Verhältnis von Naturwissenschaften und Philosophie bestimmt. Es heißt dort:

4.11 Die Gesamtheit der wahren Sätze ist die gesamte Naturwissenschaft (oder die Gesamtheit der Naturwissenschaften).

4.111 Die Philosophie ist keine der Naturwissenschaften. (Das Wort „Philosophie" muß etwas bedeuten, was über oder unter, aber nicht neben den Naturwissenschaften steht.)

4.112 Der Zweck der Philosophie ist die logische Klärung der Gedanken. Die Philosophie ist keine Lehre, sondern eine Tätigkeit. Ein philosophisches Werk besteht wesentlich aus Erläuterungen.
Das Resultat der Philosophie sind nicht „philosophische Sätze", sondern das Klarwerden von Sätzen. – Die Philosophie soll die Gedanken, die sonst gleichsam trübe und verschwommen sind, klarmachen und scharf abgrenzen.

12. ANTONY FLEW

Parabel vom Gärtner, den es gar nicht gibt

Es waren einmal zwei Forschungsreisende, die zu einer Lichtung im Urwald kamen. Dort blühten allerlei Blumen und allerlei Unkraut. Der eine Forscher sagt: „Es muß einen Gärtner geben, der dieses Stück Land bearbeitet." Der andere stimmt ihm nicht zu: „Es gibt keinen Gärtner." Sie bauen also ihre Zelte auf und halten Wacht. Aber einen Gärtner bekommen sie nicht zu sehen. „Vielleicht ist der Gärtner unsichtbar!" Sie errichten einen Zaun aus Stacheldraht. Sie setzen ihn unter Strom. Sie patroullieren mit Bluthunden. Aber kein Schrei weist je darauf hin, daß ein Eindringling einen elektrischen Schlag bekommen hat, keine Bewegung des Stacheldrahtes verrät je einen unsichtbaren Kletterer. Nie schlagen die Bluthunde an. Doch der Gläubige ist noch nicht überzeugt. „Und doch gibt es einen Gärtner; er ist unempfindlich gegenüber elektrischen Schlägen; Hunde können ihn nicht riechen, und er macht keinen Lärm; aber im verborgenen kommt er, den Garten zu versorgen, den er liebt." Der Skeptiker verzweifelt zum Schluß. „Aber was bleibt denn noch übrig von dem, was du zuerst gesagt hast? Worin unterscheidet sich das, was du einen unsichtbaren, ungreifbaren und ewig entweichenden Gärtner nennst, von einem eingebildeten Gärtner oder sogar von einem Gärtner, den es gar nicht gibt?"

13. MAX BENSE

Warum man Atheist sein muß

Ich verteidige also den Atheismus als die notwendige und selbstverständliche Form menschlicher Intelligenz, als menschlichen Sinn der geistigen Arbeit unter der Voraussetzung, daß der Mensch wesentlich Schöpfer seiner erweiterungsfähigen geistigen Welt und Realität ist. ... Doch sind dabei vorab zwei inhaltliche Modifikationen zu unterscheiden.

Zunächst ist unter Atheismus jede Form einer philosophisch stringenten Beschreibbarkeit und Begreifbarkeit der Welt als Inbegriff alles Seienden zu verstehen, die keinen Bezug nimmt auf ein metaphysisch postuliertes, Denkbarkeit und Erfahrbarkeit übersteigendes höchstes Wesen, von dem diese Welt in einer formulierbaren Weise abhängen soll (kosmologischer Atheismus). Alsdann ist Atheismus jede Form des Selbstverständnisses des Menschen als bewußten denkenden und schöpferischen Wesens ebenfalls ohne Bezugnahme auf ein transzendentes produktives anderes Sein (existentieller Atheismus). Wir unterscheiden also damit zwischen atheistischem Weltverständnis und atheistischem Selbstverständnis. Zur Erläuterung und Rechtfertigung können rationale und existentielle Gründe angeführt werden.

Was die rationalen Gründe anbetrifft, so sind im Namen der fundierenden Rolle der Philosophie[1], in deren Zusammenhang sie gesehen werden müssen, insbesondere von seiten der neuen Wissenschaftstheorie und Logik (Peirce, Russel, Wittgenstein, Schlick, Carnap, Stegmüller u. a.[2]) zahlreiche Argumente beigebracht worden, die jedem vermeintlichen Satz über Gott einen faßbaren, evidenten oder konstruierbaren Sinn absprechen. Es läßt sich zeigen, daß Aussagen über Gott von der Art „Gott ist höchstes Wesen" oder „Gott ist transzendent" nicht das Geringste mehr aussagen als etwa „X ist pektabel". In einer solchen Aussage wird von einem unbestimmten Etwas (X) ein unbestimmtes Prädikat (ist pektabel) ausgesagt. Diese sprachliche Formulierung ist kein Satz, sondern ein Scheinsatz. Wir kennen weder das Subjekt (X) noch das Prädikat (ist pektabel). Sätze über Gott sind leicht als derartige Scheinsätze zu entlarven. Sie sind dementsprechend auch weder wahr noch falsch. Und weder denkend noch erfahrend ist uns etwas gegeben, was sinngemäß, also als transzendente Etwase, an die Stelle des unbekannten Subjekts oder an die Stelle des unbekannten Prädikats eingesetzt werden kann, damit eine verstehbare, sinnvolle Formulierung entsteht. Selbst wenn man nun diesen Schwierig-

[1] Die fundierende Aufgabe der Philosophie besteht für Bense in der „Analyse und Begründung der für die einzelnen positiven Wissenschaften wichtigen Grundlagen".
[2] Namen bekannter Neopositivisten und Sprachphilosophen.

keiten dadurch entgehen wollte, daß man die hypostasierten[3] Ausdrücke „Gott“, „Allmächtigkeit“ und dergleichen als bloße „Interpretationen“ gewisser menschlicher Grundgefühle, Situationen oder Erfahrungen erklärt (Todesangst, Weltekel, „schlechthinige Abhängigkeit“), bleibt doch die merkwürdige Tatsache bestehen, daß wir dann menschlich höchst reale Fakten gänzlich leeren Begriffen zuordnen, wir also offenbar gezwungen sind, unsere Grundgefühle, Situationen und Erfahrungen, um sie zu verstehen oder loszuwerden, in eine Scheinwelt, in eine Leere zu projizieren. Sicherlich können uns emotionale Bewegungen, die ja niemals scharf genug unterscheiden, über diese Verwicklungen und Unstimmigkeiten hinwegtäuschen, doch ebenso sicher ist, daß das denkende Wesen in keinem Augenblick von ihnen absehen kann, ohne seine Wesentlichkeit zu verlieren.

Es ist möglich, einzuwenden, daß das Denken grundsätzlich nicht kritische Instanz religiöser Vorstellungen sein kann, daß „Gott“, „Allmächtigkeit“, „ewiges Wesen“ usw. keine Argumente der logischen Konstruktion der Sätze, keine Gegenstände wissenschaftlicher Untersuchungen sein dürfen. Man zieht sich jedoch mit diesem Einwand aus der Möglichkeit des Denkens auf die Möglichkeit des Glaubens zurück. Denken und Glauben geraten dabei in ein gegensätzliches Verhältnis, das man etwa so wiedergeben könnte, daß man sagt: *Denken ist (im Prinzip) Wissen, wovon die Rede ist, und Glauben ist (im Prinzip) Nichtwissen, wovon die Rede ist.* Das würde zur Folge haben, daß man nicht im gleichen Sinne sagen kann „ich glaube an ...“, wie man „ich denke an ...“ formuliert. Während Denken in jenem Falle nur Denken ist, wenn es Denken „an etwas“ ist, könnte Glauben nur dadurch Glauben sein, daß es kein Objekt des Glaubens gibt, daß Glauben kein Objekt hat und daß die Objektlosigkeit des Glaubens eine Folge der Aufhebung des Denkens durch den Glauben ist. Dem Objektbezug des Denkens entspricht ein Objektentzug im Glauben, der durch das Denken nur bestätigt werden kann. Allerdings, und das ist hervorzuheben, weil gewisse Versuche Kierkegaards oder Kardinal Newmans[4], Gott aus der gläubigen Subjektivität zu konstituieren, aus diesem Argument Nutzen ziehen, verweist andererseits jeder Glauben, wenn auch nicht auf ein Objekt, stärker als Denken auf ein Subjekt. Dem Objektbezug des Denkens korrespondiert offenbar ein Subjektbezug des Glaubens, der sichtbarlich in dem Maße die gläubige Subjektivität hervortreten läßt, als gerade das Objekt in ihm verschwindet.

Fasse ich jetzt die rationalen Gründe des Atheismus zusammen, so darf ich sagen, daß es sich in ihm keineswegs darum handelt, die Nichtexistenz eines höchsten Wesens zu behaupten und Sätze über Gott als falsch zu erweisen; logisch sind vielmehr verneinende Aussagen über Gott genauso sinnlos wie bejahende, und die Formulierung seiner Nichtexistenz ist genauso leer wie die Formulierung seiner Existenz. Das denkende Wesen ist in seiner konsequenten Rationalität nur dann im vollen Umfange atheistisch, wenn es die Idee Gottes und alle Sätze über sie suspendiert. Vom Standpunkt menschlicher Rationalität, sagte ich, und die Anwendung

[3] Hypostasiert – zur Substanz, Person, Realität gemacht.

[4] Kierkegaard, dänischer protestantischer Theologe; Newman, englischer katholischer Theologe; lebten beide im 19. Jh.; großer Einfluß auf die Theologie des 20. Jh.

dieser Rationalität auf den Glauben als Gegenprinzip des Denkens wirft, wie wir sahen, auf die denkende und glaubende Subjektivität zurück, setzt also menschliche Existenz.

Damit treten die existentiellen Argumente des Atheismus hervor. Ich wiederhole, daß die Objektlosigkeit des Glaubens, die auf die subjektive Existenz des Gläubigen und nur auf sie zurückwirft, eine Folge der Tatsache ist, daß der Glaube sich denkend in Scheinsätzen, in Leerformen bewegt. Das bedeutet aber ein Außerkraftsetzen der wesentlichsten Funktionen des menschlichen Geistes. Das denkende Wesen setzt sich einer Begrenzung, einer Limitation seiner Fähigkeit aus, deren Gründe unaussprechlich und dunkel bleiben. Das Denken gibt dem Glauben kein Objekt, aber es ist evident das entscheidende Prinzip unseres Geistes, und an keiner Stelle seines Prozesses tritt das Verbot auf, das uns veranlassen könnte, die Fortsetzbarkeit des Denkens aus freien Stücken aufzugeben, die Kriterien der Wahrheit und Unwahrheit plötzlich außer Kraft zu setzen, um eine Scheinwelt, eine Leere in uns eintreten zu lassen. Die rationale Situation unseres Geistes wird zu einer zugespitzten existentiellen: entweder man entschließt sich zur im Prinzip möglichen Fortsetzbarkeit des Denkens, dann verschwindet das religiös hypostasierte Reich der Transzendenz, oder man entschließt sich, das Denken abzubrechen und den Glauben zuzulassen, dann verschwindet das denkende Wesen als ein Prinzip der Welt, wie die gesamte Weltobjektivität hinter die gläubige Subjektivität zurücktritt.

Einer solchen zugespitzten Situation geistiger Existenz, die selbstverständlich nur für diejenigen gegeben ist, die sich auf der entsprechenden Niveaufläche der Intelligenz bewegen, kann man nur auf zwei Weisen entgehen: entweder man bleibt prinzipiell unterhalb dieser Niveaufläche, oder man entscheidet sich für oder gegen die prinzipielle Fortsetzbarkeit des Denkens. Im ersten Falle streift man die Gedankenlosigkeit, und im zweiten Falle ist man entweder in der „Nachfolge" oder Atheist.

...

Es gibt heute von seiten der anthropologischen Wissenschaften genügend Argumente für die Auffassung, daß die sichtbarliche biologische Hinfälligkeit der menschlichen Natur nur durch jenen Schritt in die Zivilisation bewältigt werden konnte, die als Zwang zur Technik, zur künstlichen Realität erkennbar wird. Die existentielle Kategorie der Sekurität[5], die in der naturhinfälligen vitalen Situation des Menschen gründet und die jeden Vorgang der technischen Zivilisation begleitet, findet ihr Korrelat in der rationalen Kategorie der Präzision[6], ohne die technische Gebilde nicht installiert werden können. Auf der Herausarbeitung der existentiellen Kategorie der Sekurität und der rationalen Kategorie der Präzision beruht offensichtlich der Gesamtprozeß der technischen Entwicklung und die historisch mit ihr verbundene Humanisierung. Es handelt sich um nicht umkehrbare Vorgänge, und jede Beschädigung, jede nachlassende Kraft menschlicher

[5] Die existentielle Kategorie der Sekurität – der auf den Menschen bezogene Grundbegriff der Sicherheit.

[6] Die rationale Kategorie der Präzision – der Grundbegriff der Genauigkeit, Zuverlässigkeit.

Intelligenz, jeder individuell oder gesellschaftlich eingeführte oder wirksame Irrationalismus der Selbstunterbrechung des Denkens kann sich nicht anders als verhängnisvoll auswirken. Im Hinblick auf die Unabgeschlossenheit der menschlichen Zivilisation, der Zerbrechlichkeit und Verschwommenheit unserer Vorstellungen von Humanität, die noch immer wieder einmal geschichtlich und politisch in Erscheinung treten, ist das Eindringen methodischer Rationalität in alle provinziellen Irrationalismen des menschlichen Geistes von tiefer Notwendigkeit. Es scheint mir allerdings unverkennbar zu sein, daß im Rahmen der intellektuellen Entwicklung der Menschheit der Glaube und seine Substrate[7] immer weniger wesentlich werden und sich immer deutlicher aus der wirklichen, historischen Welt zurückziehen, so daß es schließlich derer, die sich nicht dazu entschließen können, an intime und transzendente Vorstellungen die analytischen und kritischen Maßstäbe rationaler Intelligenz nicht anzulegen, und die ein Stein des Anstoßes sind, auch nicht mehr bedarf.

[7] Substrate – Formen, auch Ersatzformen.

14. THOMAS J. J. ALTIZER

Theologie vom Tode Gottes. Christlicher Atheismus?

In jüngerer Zeit mußte der christliche Theologe anerkennen, daß das Wort des Glaubens nicht nur einen falschen Gott verneinen muß. Es ist vielmehr der Gott, der in der christlichen Geschichte gegenwärtig ist, der Gott, den wir selbst anbeten, sofern wir in der Vergangenheit leben, der sterben muß, um einen Glauben zu ermöglichen, der in der Gegenwart leben kann. Eine radikale Theologie, die den Tod Gottes[1] bekennt, ist nicht einfach die theologische Version eines atheistischen Humanismus oder Naturalismus. Tatsächlich ist – im Unterschied zu allen nichtchristlichen Formen des Atheismus – ein christliches Bekenntnis zum Tod Gottes eine Antwort auf die wirkliche Abwesenheit Gottes. Gerade weil wir die Erben einer Geschichte sind, in der Gott wirklich gegenwärtig war, müssen wir die konkrete Wirklichkeit von Gottes Rückzug aus unserer Zeit weitersagen. Den Namen Gottes auszusprechen in einer Zeit, in der er sich zurückgezogen hat, ist nichts Geringeres als eine Blasphemie, die die Heiligkeit Gottes herabwürdigt und einen Glauben zum Spott macht, der einmal das Zeugnis seiner Gegenwart gab. Wir lassen Gott nicht Gott sein, wenn wir seinen Namen in seiner Abwesenheit aussprechen.

...

Vielleicht ist es das deutlichste theologische Zeichen unserer Situation, daß die Theologie selbst bekennt, daß Gott tot ist in der Zeit, in der wir leben. Bisher war der Theologe nicht in der Lage, klar vom Tod Gottes zu reden; doch die mangelnde Klarheit ist eine unvermeidliche Folge davon, daß die neue und radikale theologische Bewegung noch ganz am Anfang ist. Sie muß einsetzen mit dem Angriff auf die Möglichkeit, in unserer Situation von Gott zu reden. Nun, da wir

[1] Vgl. auch Text 4 dieses Heftes!

gelernt haben, daß wir nicht mehr von Gott reden können, müssen wir lernen, von der Wirklichkeit seines Todes zu reden. Denn wenn wir uns weigern, über den Tod Gottes Aussagen zu machen, dann wenden wir uns damit von dem vor uns liegenden Augenblick ab; wir weichen der nackten Realität unserer Geschichte aus und schließen damit die Möglichkeit aus, das christliche Wort auszusprechen, das in unserer Mitte gegenwärtig ist. Wenn Gott in unserer Geschichte wirklich nicht mehr gegenwärtig ist, dann sind wir aufgerufen, den Tod Gottes nicht nur mit stoischer Tapferkeit anzunehmen, sondern vielmehr den Tod Gottes zu wollen, mit der Leidenschaft des Glaubens. ...
Was kann es bedeuten, wenn wir sagen, daß Gott tot ist? Zuerst müssen wir sehen, daß wir nicht einfach sagen können, der moderne Mensch könne nicht mehr an Gott glauben oder die moderne Kultur sei eine abgöttische Flucht vor der Gegenwart Gottes, noch daß wir in einer Zeit leben, in der Gott beschlossen hat zu schweigen. Auch wäre es falsch zu sagen, man meine damit, das Wort Gottes transzendiere alle menschlichen Ausdrucksweisen des Glaubens, oder der wahre Gott stehe über dem Gott der Metaphysik und der Religion. Ein theologischer Satz, der den Tod Gottes verkündigt, muß bedeuten, daß Gott im Wort des Glaubens nicht gegenwärtig ist. Wenn der Theologe vom Tod Gottes spricht – und wirklich meint, was er sagt –, dann sagt er, daß der Gott, der aus der Geschichte verschwunden ist, für den Glauben nicht mehr gegenwärtig ist. Und er ist wirklich abwesend, nicht nur verborgen vor unseren Augen, und deshalb ist er wahrhaftig tot. Wenn wir den Tod Gottes als ein letztes und unwiderrufliches Ereignis aufnehmen, dann können wir uns der vollen Wirklichkeit unserer Geschichte als einer Epiphanie des Wortes des Glaubens öffnen.
Doch muß man diese Sätze nicht als blasphemisch und als nichtchristlich ablehnen? Oder als mythologisch und unwirklich? Wie kann es möglich sein, daß Gott selbst gestorben ist? Wir haben oben bemerkt, daß das christliche Wort weder in einer urzeitlichen noch in einer ewigen Gestalt erscheint. Denn es ist ein fleischgewordenes Wort, ein Wort, das nur insofern wirklich ist, als es eins wird mit dem menschlichen Fleisch. Demnach kann das christliche Wort weder mit einem ewigen Gott identifiziert werden, noch ist es als der besondere Ausdruck einer unwandelbaren Gottheit zu verstehen. Wir Christen sind aufgerufen, nur Christus die Treue zu halten, nur dem inkarnierten Wort, das in unser Fleisch gekommen ist, und darum sollten wir schon vorbereitet sein auf die Erscheinung Christi ohne Gott. Wir wissen, daß Christus in der konkreten Wirklichkeit unserer Geschichte gegenwärtig ist, oder er ist überhaupt nicht gegenwärtig. Bevor wir uns von Christus lossagen, indem wir unsere Geschichte verleugnen, werden wir bekennen müssen, daß Gott tot ist, wenn das der Weg zu einer ganz profanen Gegenwart ist. Wir können unserer Zeit nicht begegnen, wenn wir an einem Gott hängenbleiben, der nicht mehr in Zeit und Raum erscheint. Gerade dadurch, daß wir in Freiheit den Tod Gottes wollen, können wir unserer Zeit gegenüber offen sein und offen sein für den Christus, der immer gegenwärtig ist, für das Wort, das mit unserem Fleisch eins wurde. Nur der Christ kann den Tod Gottes wahrhaftig verkünden.

15. JEAN AMERY

Atheisten und Christen heute

Daß der Agnostiker heute sich eine umfänglichere, wenn auch indifferentere Duldsamkeit dem Gläubigen gegenüber erlauben zu können glaubt, dies ist – und hier lange ich an einem überaus wichtigen Punkt an – ein gesellschaftliches Phänomen erster Ordnung. Denn es ist ja so, daß der Gläubige bzw. in unserem kulturellen Feld der Christ, der seinen Glauben durch die moderne metaphysische Formulierung weitgehend säkularisiert hat, im Prozeß dieser Säkularisierung seinerseits eine ihm ungewohnte und gar nicht traditionelle Toleranz errungen hat. Um ein stark simplifiziertes Beispiel zu geben: Zwei Gesprächspartner, von denen der eine glaubt, daß der Mensch sich in der Geschichte verwirkliche, während der andere sich darauf festlegt, das zu realisierende Prinzip heiße Gott –, zwei solche Debattierer werden sich in den Fragen praktischen Geschichtsvollzuges und moralischer Geschichtlichkeit sehr leicht verständigen ... Faktum ist es jedenfalls, daß der Agnostiker heute mit christlichen Glaubensgemeinschaften zu tun hat, die ihn nicht nur durch starren Dogmatismus nicht mehr provozieren (und die darum auch er nicht mehr herauszufordern braucht), sondern die auch in der politischen und sozialen Wirklichkeit keine ihn unerhört dünkenden Ansprüche mehr stellen. Wir sehen in der politischen Weltlandschaft christliche Gewerkschaften, die ... in ihren Forderungen nach Umwälzung der bestehenden Strukturen weit über das hinausgehen, was sozialdemokratische, ja, sogar kommunistische zu verlangen wagen. Wir sehen in Spanien, in Lateinamerika den kleinen Klerus, über ihn hinaus aber auch schon hochgestellte Persönlichkeiten der Hierarchie, mitten in der die Herrschaftsformen kontestierenden Bewegung. Der sozial und politisch fortschrittliche Agnostiker, und mag er hundertmal das zeitgenössische theologische Denken als eine Akkumulation ihm fremder Leerformeln erachten, kann sich unter den heutigen Umständen politisch mit einem gläubigen Linkskatholiken entschieden leichter verständigen als mit einem verknöcherten liberalen Freimaurer, der vielleicht gescheit ist, wenn er sich in Bibelkritik versucht, aber verstockt, wenn es um das Problem des Privateigentums geht. Die zahlreichen institutionalisierten Gespräche zwischen Christen und Marxisten, denen man in den letzten Jahren hat beiwohnen können, wurden vielleicht von den Hierarchien beider Lager mit strategisch-taktischen Hintergedanken gefördert; das hat so gut wie keinen Belang. Die gesellschaftliche Relevanz besteht nicht in den subjektiven Motivierungen, sondern in der Objektivität der nunmehr nicht nur möglichen, sondern praktisch vielfach schon vollzogenen Kooperation christlicher und glaubensfreier Kräfte bei der geschichtlichen Verwirklichung von etwas Neuem und Anderem – das man „Gott" nennen mag oder den „Menschen". Die Atheismusdiskussion ist heute, zumindest für den Agnostiker, eine zutiefst unzeitgemäße geworden.

Ob sie es auch für den Christen ist? Da wage ich natürlich keine Antwort ... Mag sein, daß auch der fortgeschrittene Christ die indifferente Toleranz des Atheismus noch als Herausforderung, vielleicht sogar als Kränkung empfindet. Der Agnostiker muß sich hierüber ein Urteil versagen, kann nur die Versicherung geben, daß er nicht mehr provozieren will, da seiner festen Überzeugung nach die geistige und soziale Entwicklung das Streitgespräch von einst hinter sich gelassen hat. ... Die Zukunft gehört der christlich-atheistischen Zusammenarbeit an der Errichtung einer befriedeten Welt.

II. GESPRÄCH MIT DEM ATHEISMUS

16. JOSEF RATZINGER

Stellungnahme zum Atheismus

I. Die Wesensbestimmtheiten des Atheismus

Die vorgelegten Tatsachen erlauben es nunmehr, die grundsätzliche Bedeutung des religionsgeschichtlichen Phänomens „Atheismus" näher zu umschreiben.

a) Atheismus ist nicht notwendig Leugnung des Absoluten überhaupt, sondern dessen Rückversetzung in die reine Gestaltlosigkeit, d. h., er ist Protest gegen die Gestalt, mit der das Absolute identisch gesetzt wird. Darin aber liegt die große und unabdingbare Sendung des Atheismus in der Religionsgeschichte. Die Gestaltung des Göttlichen führt ja in der Tat immer wieder zur Vermenschlichung Gottes und damit zur Verabsolutierung des Menschlichen bzw. ganz bestimmter Einstellungen und Meinungen des Menschen. Aus diesem Grund gibt es nicht nur das Wesen, sondern auch das „Unwesen" der Religion (Welte), ist Religion nicht nur die große Chance, sondern auch die große Gefährdung des Menschen. Weil hier das Absolute begegnet, kann jede Vermenschlichung und Verdinglichung des Absoluten zu den furchtbarsten Konsequenzen führen, indem dann die Gruppe, das System, die Einrichtung sich selbst absolut setzt und alles, was gegen sie steht, als das schlechthin Böse außerhalb jeder Menschlichkeit stellt. Weil vom Wesen des Menschen her jede Gestaltung zur Abschließung und so zur falschen Vermenschlichung Gottes drängt, muß es neben der Gestaltung immer auch ebenso die große Gegenbewegung der Reinigung geben, die immer wieder die Überschreitung der Gestalt und letzten Endes die Vergöttlichung Gottes besorgt.

Man kann gerade als Christ nicht einfach die positiv gestalteten Religionen der Weltgeschichte als das Gute und die atheistische Geisteslinie als den schlechthinnigen Sündenfall hinstellen, sondern beide Linien, die der Gestaltung und die der Reinigung, ergänzen sich gegenseitig, beide tragen Aufschwung und Fall in sich.

b) An zweiter Stelle gilt es festzustellen, daß Atheismus keineswegs mit Irreligiosität gleichbedeutend ist, sondern eine spezifische Form der Heiligkeitserfahrung, also der religio des Menschen, darstellen kann. Der Mensch vermag zwar die Gestalt Gottes aufzuheben bis zur restlosen Verneinung hin, aber er kann die Wirklichkeit „religio", das menschliche Korrelat der Gottesgestalt, niemals vollends aufheben, weder im Leben des einzelnen noch in demjenigen der Gruppe, der Gesellschaft. Man darf sagen: Es gibt Menschen ohne Gott, aber es gibt nicht Menschen ohne irgendeine Form religiösen Verhaltens. Der Mensch kann wohl hinsichtlich des Gegenstandes seiner religio irre werden, ihn schließlich verleugnen

(wie er es ja hinsichtlich aller Gegenstände kann), aber nie kann er den subjektiven Abdruck dieses Gegenstandes, die religio, gänzlich austilgen aus sich selbst.
c) Der positive Antrieb der Reinigung, des Protestes gegen die falsche Vermenschlichung Gottes, ist nur die eine Quelle, aus welcher das geschichtliche Phänomen des Atheismus fließt. Daneben darf nicht übersehen werden, daß Atheismus immer wieder auch Ausdruck jener Grundmöglichkeit des Menschen ist, die wir Sünde heißen. Es kann Atheismus nicht zuletzt auch deshalb als ein beständiges Phänomen der Geschichte geben, weil die Möglichkeit des Schuldigwerdens und des Versagens alle Zeit zum Menschen gehört. Dabei lassen sich vor allem zwei Formen der schuldhaften Abweisung Gottes feststellen: einmal das Versagen des kleinen Herzens, das nicht so hoch zu greifen wagt und sich lieber auf seinen irdischen Daseinsraum zurückzieht; zum anderen die Haltung der Hybris, welche die Unterwerfung verweigert und nichts über sich anerkennen will. Inwieweit einzelne geschichtliche Phänomene Schuld ausdrücken oder „Reinigung" sind, darf nur mit großer Behutsamkeit beurteilt werden; man wird sich vor einfachem Aburteilen ebenso hüten müssen wie vor allgemeiner Verklärung.

II. Der Atheismus der Neuzeit

Auf diesem Hintergrund ist auch das Phänomen des neuzeitlichen Atheismus zu verstehen, der einerseits an den eben dargestellten allgemeinen Eigenschaften des Atheismus teilnimmt, andererseits aber doch ganz spezifische Bestimmtheiten aufweist. Als solche kann man seinen nachchristlichen Charakter bezeichnen, d. h. die Tatsache, daß er im Angesicht des christlichen Gottesglaubens in der bewußten Absicht formuliert ist, diesen Gott zu verneinen und aus der Religionsgeschichte auszutreten, sie unwiderruflich an ihr Ende zu bringen. Der Atheismus der Neuzeit ist ausdrücklich auch antireligiös und will mit der Überwindung der Religion eine neue Stufe in der Entwicklung des menschlichen Geistes herbeiführen.
Damit ist auch schon die zweite Sonderbestimmung dieses Atheismus berührt, der mit einem Bewußtsein der Endgültigkeit und Ausschließlichkeit auftritt, das durch die Zurhilfenahme politischer Macht auf dem Hintergrund der Einswerdung der Menschheit, die erstmals sich selbst vollständig entdeckt und dabei ist, den Pluralismus der völkischen Kulturen in der Einheit der europäischen zivilisatorischen Formen zu überwinden, eine außerordentliche Eindruckskraft gewinnt. Die europäische Wissenschaft ist die Denkform, in der sich heute – erstmals in der Geschichte überhaupt – die ganze Menschheit verständigen kann; der Atheismus von heute behauptet, zwingendes Ergebnis dieser Denkform und so die endgültige Antwort auf die Gottesfrage zu sein.
Wenn man nach den Ursprüngen dieses Atheismus fragt, so kann man zunächst nicht leugnen, daß er die eben aufgewiesenen Grundelemente jedes Atheismus – Reinigung einerseits, Schuld andererseits – gleichfalls in sich trägt. Darüber hinaus wird man sagen müssen, daß er in dieser Radikalität überhaupt erst möglich geworden ist durch die christliche Entgötterung der Welt, welche die griechisch-

philosophische Weltentgötterung an Radikalität noch übertraf und dem frühen Christentum, das den ganzen Raum der antiken „religio" zerbrach und für profan erklärte, den Vorwurf des Atheismus eintrug. Die aus der Radikalität des Glaubens an den einen Gott kommende Profanierung der Welt gibt erst die ganze Welt vollends dem Forschen des menschlichen Geistes frei und weist damit dem aus dem griechischen Geist kommenden Eros des Fragens erst vollends die ganze Welt zum Raum an.

Aus dem neuen Weltverständnis mußte über kurz oder lang jene Weite der Fragestellung erwachsen, die zur Entdeckung der Welthaftigkeit des ganzen Kosmos führte und mit den alten weltbildlichen Stützen des Glaubens dessen bisherige Gestalt zerbrach, so daß der gestaltlos gewordene Glaube mit einemmal selbst in Frage gestellt schien. Hinzu kommt, daß sich im Gefolge der Entdeckungen, die sich aus der neuen geistigen Situation zuletzt ergaben, schließlich der gesamte Standort des Menschen in der Welt entscheidend verändert hat. Wenn für den Menschen bisher die Begegnung mit der Schöpfungswirklichkeit aufgrund der Durchsichtigkeit der Natur zum Schöpfer hin immer wieder zu einer Quelle unmittelbarer religiöser Erfahrung geworden war, so hat die Technisierung der Welt zur Folge, daß der Mensch kaum noch irgendwo der Naturwirklichkeit selbst in ihrer einfachen Unmittelbarkeit begegnet, sondern auf sie immer nur noch durch die Medien des menschlichen Werks hindurchstößt.

Die Welt, mit der er es zu tun hat, ist in all ihren Bezügen eine vom Menschen überformte Welt. So begegnet der Mensch nicht einfach der Natur, der „ars Dei", sondern allemal seinem eigenen Werk, der „Techne" des Menschen. Damit ist auch die Möglichkeit der religiösen Erfahrung positiv und negativ entscheidend geändert. An die Stelle der Naturreligion tritt von selber die technische „religio", die Verehrung des Menschen für sich selbst; die Selbstvergöttlichung des Menschen löst notwendig die Vergöttlichung der Natur ab. Das neue Heidentum, das sich daraus ergibt, ist nicht ohne weiteres schlechter als das alte, aber wesensmäßig anders: Es unterstellt nicht mehr den Menschen einer für göttlich gehaltenen Natur, sondern anerkennt nur noch den Menschen selbst als Maßstab in einer endgültig profanisierten Natur.

III. Unsere Antwort auf den Atheismus

Aus dem Gesagten ergibt sich, daß dem Phänomen des modernen Atheismus gegenüber die Widerlegung von Einzelirrtümern nicht genügt, die in den atheistischen Systemen festzustellen sind. Da dieser Atheismus vielmehr eine umfassende Lebens- und Wirklichkeitsmacht ist, die aus zentralen Motiven modernen Daseinsverständnisses gespeist wird und zugleich christliche Ansatzpunkte radikal zur Vollstreckung bringt, schließt er die Nötigung ein, das Christliche selbst und als Ganzes in der heutigen Situation neu zu verwirklichen und es so als eine lebendige Antwort auf die Frage des Atheismus zur Geltung zu bringen. Dabei zeichnen sich nach dem Bisherigen vor allem folgende Ansatzpunkte der Begegnung ab:

1. Auch der moderne Atheismus trägt, wie gesagt, den Charakter der Reinigung an sich, sofern er die christliche Entgötterung der Welt aufgreift und zu Ende führt. So wird er für die Christenheit zur Aufforderung, ihrerseits mit neuem Ernst an der allezeit unvollendeten Aufgabe der Reinigung zu arbeiten, die weltbildlichen Hüllen des mittelalterlichen und antiken Denkens abzustreifen, um so den personalistischen Sinngehalt des Glaubens erst vollends ans Licht zu bringen. Es wird nötig sein, die eigentümliche Dimension des Christlichen noch deutlicher als bisher freizulegen und jene Religion des Wirklichen wieder neu zugänglich zu machen, die durch die naturwissenschaftliche Kritik nicht aufgehoben, sondern erst in ihrer Eigentümlichkeit bestätigt und durch das wahrhaft Menschliche im Menschen unabdingbar gefordert wird.

2. Der Vergottung des Menschen im Atheismus wird der Glaube den Gottmenschen Jesus Christus entgegenhalten und damit eine hybrid verzerrte „Anthropozentrik" in ihre wahre Richtung zurückverweisen. Im Bekenntnis zur Menschwerdung Gottes hat der Glaube ja den legitimen Sinn der Anthropozentrik vorweggenommen.[1]

3. Wenn der moderne Atheismus sich in engem Zusammenhang mit einer neuen Solidarität der Menschen untereinander und in einem Geist der Hoffnung auf die immer erfülltere Menschwerdung des Menschen abspielt, so kann auch darin ein gewichtiger Anruf an den Glauben liegen, seine eigene geschichtliche Orientierung wieder deutlicher zu erkennen: Christlicher Glaube ist verkürzt, wo er faktisch nur noch Besorgung des eigenen Seelenheils und Flucht aus den Drangsalen der Geschichte in ein geschichtsloses Jenseits bedeutet. Er ist auch da mißverstanden, wo er wesentlich retrospektiv, als Glaube vergangener Heilsmysterien begriffen wird. Sein Inhalt ist ja nicht nur der „Christus gestern", sondern ebenso der wiederkommende Herr; Christentum ist als Religion der Hoffnung wesentlich zukunftsbezogen. Die innergeschichtliche Aufgabe des Glaubens aber ist von den Vätern als die Versammlung der Menschheit aus der Verwirrung Babylons in die Einheit des Christusleibes hinein bestimmt worden. Diese große geschichtliche Sicht des Glaubens, deren säkularisierter Nachhall im marxistischen Atheismus vorliegt, gilt es zu neuem Leben zu erwecken.

4. Wie der Atheismus von heute seine entscheidende Kraft nicht aus theoretischen Erwägungen, sondern aus einer ganz neuen Inbrunst des Willens zur Erde bezieht, so wird auch das Christentum in der Weltenstunde von heute mehr als neue Theorien aufbieten müssen, um bestehen zu können. Es braucht vor allem die Kraft eines Lebens aus den Tiefen des Glaubens und die Kraft jener größeren Liebe, die allein wahrhaft den Gott „beweisen" kann, von dem geschrieben steht, daß er die Liebe ist (1 Jo 4,8).

[1] Vgl. dazu die Texte 2, 27, 28 und 30 in Heft 2 und die Texte 18 und 20 in Heft 3 dieser Reihe!

17. WOLFHART PANNENBERG

Zum moralischen Argument gegen die Existenz Gottes

Auf den ersten Blick wirkt es überzeugend, daß das Übermaß des Leides und die Macht des Bösen in der Welt unvereinbar sind mit der Wirklichkeit eines zugleich allmächtigen und liebevollen Gottes. Dieser Eindruck drängt sich nahezu unabweisbar auf, wenn man Gott als den Schöpfer einer anfänglich vollkommenen Welt denkt, in der dann nachträglich das Böse eingerissen wäre. Die Theologen sind nicht unschuldig daran, daß unter diesem Gesichtspunkt der von Jesus verkündete Gott der väterlichen Liebe immer wieder die steinernen Züge eines Schreckensantlitzes angenommen hat, das ohne Not Leiden und Verzweiflung über die angeblich geliebte Menschheit verhängt. Aber vielleicht hat die Theologie hier die mythische Denkform der Erzählungen von Schöpfung und Sündenfall nicht genügend berücksichtigt und darum Schlüsse aus ihr gezogen, die ihren Sinn verkehren? Vielleicht hat die Theologie in einer allzu abstrakten Weise von der Allmacht Gottes gesprochen, nämlich ohne Rücksicht auf die Kämpfe der Geschichte? Es kommt auf den Ausgangspunkt an, auf die Erfahrungsgrundlage, von der her das Bekenntnis zur Allmacht Gottes und zur Abhängigkeit aller Dinge von ihm als ihrem Schöpfer gesprochen wird. Diese Erfahrungsgrundlage aber existiert nicht jenseits der Kämpfe der Geschichte, in der die Wirklichkeit Gottes noch strittig ist. Es ist die Erfahrung einer Welt, in der das Reich Gottes, die Herrschaft Gottes noch nicht endgültig in Erscheinung getreten ist. In dieser Welt des Kampfes gegen das Leid, gegen die Sinnlosigkeit und gegen das Böse ist Gott die äußerste, die stärkste Macht, mit der der Mensch sich verbinden kann, selbst da noch, wo er allem Anschein nach hoffnungslos unterliegt. So gesehen ist Gott nicht widerlegt durch das Übel in der Welt. Im Gegenteil, das Vertrauen auf seine Wirklichkeit ist das Letzte und Äußerste, was der Mensch der Hoffnungslosigkeit und dem Tod entgegenzusetzen hat. Gott ist die Kraft der Hoffnung gegen alle Hoffnung. Und das Bekenntnis zu seiner Allmacht, das Bekenntnis zu ihm als dem Schöpfer aller Dinge ist nicht einfach Feststellung von etwas, was unbestreitbar vorhanden wäre, sondern Ausdruck der Hoffnung und des Vertrauens auf die Übermacht der göttlichen Liebe über alles Grauen und alle Absurdität dieser Welt, ja auch über den Tod. Wenn dieser Ausgangspunkt des Bekenntnisses zu Gott als dem Schöpfer der Welt und zu seiner Allmacht festgehalten und nicht vergessen wird, dann erscheinen alle Gedanken über eine göttliche Zulassung des Bösen in der Welt als nachträgliche Reflexionen, die nicht hinter jenen Ausgangspunkt, hinter den Bund des Menschen mit Gott gegen die Mächte der Bosheit, der Verzweiflung und des Todes zurückführen können.

18. HELMUT GOLLWITZER

Auseinandersetzung mit Feuerbach[1]

Die Grenzen der Feuerbachschen Religionstheorie sind rasch zu erkennen: Der Einheitsbegriff der Religion wird gänzlich undifferenziert verwendet, alle Religionen werden dem Theismus subsumiert, um dadurch eine deutliche Grenze zum Atheismus zu erhalten, die in Wirklichkeit in der Religionsgeschichte nicht zu ziehen ist, und dies wiederum rührt daher, daß Modell und polemischer Gegenstand im Grunde ausschließlich das Christentum ist.

...

Innerhalb dieser Konzentration auf das Christentum hat Feuerbach allerdings auch kenntnisreiche und scharfsinnige Deutungen gegeben und die Bedeutung der Christologie besser erkannt als manche Theologen seiner Zeit. Dadurch, daß er sich (im Gefolge Hegels) besonders an die lutherische Christologie und hier besonders an diejenigen Aussagen hielt, welche die Zuwendung Gottes zum Menschen ausdrücken, gewann er die Möglichkeit der Umkehrung des Deus homini homo (Gott ist für den Menschen Mensch) in das homo homini Deus (der Mensch ist für den Menschen Gott), dem „Motto und Ertrag seines Denkens". Aus dem gleichen Interesse vernachlässigt er aber diejenigen Aussagen, die von der Andersartigkeit Gottes, und zwar von dieser als von seiner die Menschen richtenden Heiligkeit sprechen und sich damit nicht so leicht in das Schema der Wunschprojektion einfügen lassen, sondern darauf hinweisen, daß hier noch andere Erfahrungen auf dem Plan sind. Dies gilt auf der Ebene der Religionswissenschaft, wie Rudolf Otto gezeigt hat, für die Erlebnisse des mysterium tremendum, die sich etwa in der Fratzenhaftigkeit mancher Götterbilder ausdrücken, durch die die Götter gerade von dem, was dem Menschen erwünscht ist, abgesetzt werden. An ihnen zeigt sich, daß hier noch Motive wirksam sind, die sich nicht unter die Begriffe Bedürfnis, Wunsch und Naturerklärung subsumieren lassen.

...

Wie schon erwähnt, entspricht der hochgemuten Gewißheit, mit der Feuerbach sich zu äußern pflegt, nirgends wirkliche Beweisführung; das berühmte „nichts anderes als..." seiner Umkehrungen rechnet auf die suggestive Wirkung verblüffender Entlarvungen, bewegt sich aber bei näherer Betrachtung ganz auf der Ebene des Behauptens. Feuerbachs Vortrag ist thetisch. Das historische Material dient nicht zur Begründung, sondern nur zur Illustration der in sich selbst von Anfang an feststehenden Thesen. Die Entscheidung ist schon gefallen, bevor er zur Feder greift: Die Religion kann nichts anderes sein als Illusion, und sein Werk ist nur noch, zu zeigen, daß sie als solche keineswegs eine närrische oder betrügerische Illusion ist, wie die alten Rationalisten gedacht hatten, sondern daß ein Sinn in ihr liegt – freilich ein besonderer, gerade umgekehrter Sinn, als die

[1] Im folgenden Text finden sich auch Überlegungen, die für die Argumentationen von Marx (Text 3) und Freud (Text 5) Geltung beanspruchen.

religiös Gläubigen meinen. Besonders bestechend ist dabei Feuerbachs Gedanke der Projektion. Gewonnen ist er in der Auseinandersetzung mit Hegel, in der Entdeckung des Menschen als des konkreten Subjektes des Geistes; verarbeitet sind in ihr alte Beantwortungen der Frage nach der Entstehung der Göttervorstellung, etwa das timor fecit deos (Furcht hat die Götter gemacht [erschaffen]) u. ä. Feuerbach wertet die Anwendung aus, versieht sie mit weiterführenden psychologischen Erwägungen und gibt dem Gedanken zugleich apodiktische Bedeutung, die er von sich aus natürlich nicht hat: Der Verdacht als solcher war schon der Beweis, die Korrespondenz der christlichen Worte von Gnade, Vergebung, Liebe zum menschlichen Bedürfen (damit also die positive Sinnhaftigkeit dieser Verheißungen) ist für Feuerbachs Entlarvungseifer schon der Beweis für die Produktion aus dem menschlichen Bedürfnis; daß der Glaube den trostbedürftigen Menschen tröstet, ist ihm hinlänglicher Beweis dafür, daß das Trostbedürfnis produktiv geworden ist. Eduard von Hartmann hat zu diesem Schluß von der Korrespondenz auf die Nichtexistenz längst das Nötige gesagt: „Wenn die Götter Wunschwesen sind, so folgt daraus für die Existenz oder Nichtexistenz gar nichts."

. . .

Die Frage, die durch Feuerbach der Theologie gestellt ist, ist lange Zeit bagatellisiert worden. Diese Frage besteht nicht darin, ob es der Theologie gelingen kann, die objektive Realität Gottes und der christlichen Offenbarung zu beweisen. Die Problematik einer solchen Forderung ist schon an der allgemeinen Problematik des erkenntnistheoretischen Streites um die Beweisbarkeit der Realität der Außenwelt zu erkennen. Eine panillusionistische Erkenntnistheorie (Berkeley) ist bekanntlich unwiderlegbar, wohl aber kritisierbar, indem gefragt wird, inwiefern eine bestimmte Problemsituation zu solchem solipsistischen Idealismus führt, der ja nicht Absicht, sondern Folgerung ist. Im Falle Feuerbachs heißt das: Wenn als Kriterium für den Realitätsbezug einer Vorstellung die empirisch-sinnliche Verifizierung in der Weise der naturwissenschaftlichen Methode angesetzt wird, ist die Illusionsthese die notwendige Konsequenz hinsichtlich der religiösen Vorstellungen – aber eben nur dann. Der Theologie rückt damit die Frage der Verifizierung der Glaubensinhalte auf den Leib; die penetrante Anwendung jenes „Kriteriums der Handgreiflichkeit" tut ihr den Dienst, ihr die gänzliche Nichtverifizierbarkeit ihrer Aussagen auf dieser Ebene bewußt zu machen, die schon in dem christlichen Bekenntnis zur Unsichtbarkeit Gottes, zum Glaubenscharakter des christlichen Gottesverhältnisses und zum Widerspruch von „Kreuz" und „Fleisch" impliziert ist. Ob ihr auf anderen Ebenen diese Verifizierung besser gelingt und worin eigentlich diejenige Verifizierung besteht, auf die sie von ihren Vorausssetzungen her allein hoffen kann, das ist ein Hauptproblem der gegenwärtigen theologischen Diskussion und eine ständige Frage aller christlichen Theologie. Für den Abweis der Zuständigkeit jenes Kriteriums in ihrem Falle ist der Theologie bedeutsam, daß die Nichtgenügsamkeit jenes Kriteriums schon im philosophischen Bereich enthüllt wird.

Die Frage für die christliche Theologie kann also nicht sein, wie sie den Glauben dem Illusionsverdacht durchgreifend entziehen könne. Das eben kann sie nicht.

Deshalb sind tiefere und umfassendere Deutungen der religiösen Phänomene, wie sie von Rudolf Otto oder C. G. Jung stammen, doch nur Verbesserungen auf der gleichen Ebene, die für die Theologie nichts grundsätzlich ändern. Die Frage für die Theologie kann nur sein, ob sie in der Vorführung ihrer eigenen Sache jenen Verdacht, soviel an ihr liegt, noch befördert und bestätigt oder was sie von ihren Voraussetzungen her auf diesen Verdacht zu antworten hat. Es kann ja sein, daß sie den christlichen Glauben – aus apologetischen Gründen, also um seine Anstößigkeiten aus dem Wege zu räumen, oder wegen der Bindung an eine vorausgesetzte philosophische Systematik oder weil sie selbst schon den Glauben mit dem religiösen Erlebnis verwechselt hat – so beschreibt, daß Feuerbach seine Religionstheorie mit guten Gründen als die Konsequenz solcher Theologie oder als die Enthüllung des eigentlichen Kerns der Sache ausgeben kann. Dazu kommt es immer dann, wenn die Theologie – etwa um verobjektivierendes Reden von Gott zu vermeiden oder um Legitimität und Realität des Glaubens nach außen nachzuweisen – das Gottesbewußtsein als notwendigen Aspekt des Selbstbewußtseins ansieht, den Glauben als edelste Entfaltung einer im Menschen vorhandenen Möglichkeit verherrlicht, die christliche Botschaft als angeblich höchstes Ergebnis ideengeschichtlicher Entwicklung feiert oder den Glauben als eine in sich, d. h. abgesehen von der Erscheinung Jesu Christi betrachtbare und empfehlenswerte Weise des Existierens darstellt. In allen solchen Fällen scheut sie sich, sich zu der unableitbaren, von allgemeinen Prinzipien her nicht einsichtigen Positivität der Offenbarung zu bekennen, die der junge Marx scharfsichtig als das eigentlich Anstößige erkannte, wenn er die Religion als die „Sanktion des Positiven" bezeichnete. Solange die Theologie, um sich ihren Platz im Geistesleben zu sichern, den Glauben als Verwirklichung einer allgemein einsichtigen Möglichkeit darstellt, ist sie schutzlos gegen die Feuerbachsche Umkehrung des Gottesverhältnisses in eine Produktivität des Menschen zur Befriedigung eines allgemeinen Bedürfnisses. „Der Mensch ist der Anfang der Religion, der Mensch der Mittelpunkt der Religion, der Mensch das Ende der Religion." Es ist dann nicht mehr entscheidend, ob dieses Bedürfnis positiv als ein zur Vollkommenheit des Menschseins gehöriges oder negativ als ein seine wahre Vervollkommnung hinderndes bewertet wird, ob es beim Wort genommen oder als verkleidetes Bedürfnis, als Verdrängungserscheinung eines tieferen, echteren Bedürfnisses feuerbachisch, marxisch oder freudisch entlarvt ist. Fest steht ja dann unter Zustimmung der Theologie, daß der Mensch der Bewerter ist, daß es sich um einen Wert-Subjektivismus handelt und daß Gott hier nicht Ursprung und Ende, sondern Mittel zum Zweck ist. Die Theologie läuft auf diese Weise Feuerbach ins Netz und bekommt von ihm gezeigt, daß ihr auf menschlicher Möglichkeit errichtetes Haus auf Sumpf gebaut ist. Die Theologie kann also dem Verdacht des Illusionismus nur entgegentreten, indem sie es *nicht* unternimmt, ihn zu widerlegen (dazu müßte sie sich dem empiristischen Realitätskriterium unterwerfen) oder aufzuheben durch eine Metaphysik der Transzendenz, die, wie der Weg vom Idealismus zu Marx und Feuerbach zeigt, statt ihn zu vertreiben, ihn nur befestigen wird. Sie kann ihm entgegentreten nur mit der Verwegenheit, mit der sie sich zur Offenbarung bekennt und deren Eigenheit aufzeigt, weil nur das Wort der Offenbarung selbst den Realitätsbeweis für sich selbst in der den Hörer treffenden Anrede führen kann.

19. WERNER POST

Antikritik zur marxistischen Religionskritik

Konsequent betrachtet Marx Christentum und Religion nicht als Größen an sich, geht nicht von der Beschreibung ihres Wesens und Selbstverständnisses aus, sondern hält sich an ihre faktische Rolle im gesellschaftlichen Prozeß. Wesen und Erscheinung werden nicht getrennt; Ort der Wahrheit ist nicht Bibel, Tradition oder theologische Selbstinterpretation, sondern die gesellschaftliche Praxis der Religion. Die methodische Konsequenz reicht in der Religionskritik allerdings nur bis zu diesem Punkt. Das Kriterium für die Richtigkeit einer kritischen Theorie oder Religion muß nach den von Marx selbst angewandten methodischen Prinzipien ihre Verifizierbarkeit in der gesellschaftlichen Praxis sein. Darüber hinaus muß diese Theorie kontingent gehalten werden, um nicht ein abstraktes Urteil zu fällen. An diese Prinzipien hält sich Marx aber nicht. Gewiß argumentiert er nicht mit bewußt abstrakten Postulaten wie Feuerbach, daß der Mensch sein in Gott projiziertes Wesen sich selbst aneignen solle, sondern begründet das Bedürfnis nach religiösem Trost aus den miserablen Verhältnissen, in denen die Menschen leben. Dabei versucht Marx nicht historisch zu ergründen, wie es dazu kam, daß ausgerechnet Gott, Offenbarung und Kirche Gegenstand der Tröstung werden konnten, sondern konstatiert, daß faktisch Religion und Christentum diese Rolle übernommen haben. Der weitere Schritt, daß die Revolution auch die Befreiung von jeder Religion bedeute, setzt aber voraus, daß Religion ausschließlich eine Funktion gesellschaftlicher Mißstände ist und ganz darin aufgeht.
Für die Richtigkeit dieser These bringt Marx zunächst Argumente, die vom Bündnis der Kirche mit den jeweiligen Herrschenden bis zu der Identität von sozialer und religiöser Entfremdung reichen.
Allein, hier beginnen die ersten Bedenken. Man kann Kirche, Christentum und Religion nicht so synonym setzen, wie es bei Marx geschieht. Sicher ist es konsequent, wenn Marx sich um das Selbstverständnis der Theologen wenig kümmert und das vermeintliche Wesen des Christentums nicht von seiner Erscheinung trennen will. Aber in der Geschichte des Christentums läßt sich immer wieder erkennen, daß die Kirche nicht in vollem Umfang das Christentum repräsentiert; ebenso darf eine empirische Analyse nicht darauf verzichten, die politisch-gesellschaftliche Rolle des Christentums von der des Islams, des Buddhismus oder primitiver Naturreligionen zu unterscheiden. ...
Ein weiterer Punkt der immanenten Antikritik bezieht sich auf die Verabsolutierung der Religionskritik. Marx hatte die faktische Rolle von Kirche und Christentum vor Augen, als er seine Religionskritik formulierte; ist dieses Urteil in sich schon unzureichend abgesichert, so verläßt er darüber hinaus die Konse-

quenz, die seiner Theorie zu eigen sein soll, wenn er das Ende der Religion in absehbarer Zukunft für gekommen hält. In diesem Fall fällt Marx ein Urteil über das Wesen, nicht über die Erscheinung der Religion, doch allein die Erscheinung kann legitim Gegenstand seiner Kritik sein. Religion gilt demnach also als absolut definiert durch die historische Konkretion, in der Marx sie angetroffen hat. Die künftige kommunistische Gesellschaft ist deshalb religionslos. Ihre Praxis ist so beschaffen, daß die Funktion von Christentum und Kirche erlischt, und zwar selbsttätig, ohne äußeren Zwang. Marx nimmt damit Bezug auf eine Praxis, die noch gar nicht existiert. An die Stelle der Argumentation tritt eine Prognose. Auch hier kann von konkreter Verifizierbarkeit der Theorie nicht gesprochen werden. Die Wahrheit der künftigen Gesellschaft muß erst entstehen, durch den geschichtlich-gesellschaftlichen Prozeß hergestellt werden. Erst dann kann sich zeigen, ob Religion in den Bestimmungen aufgeht, unter denen Marx sie begriffen hat.

Noch in einem weiteren, letzten Punkt ist die Marxsche Religionskritik widersprüchlich. Wenn Religion Ausdruck von Entfremdung, von Nicht-Identität der Menschen mit sich und der Natur ist, so setzt das selbsttätige Absterben der Religion wenn schon nicht völlige, dann doch nahezu vollständige Identität voraus. So viele Aussagen von Marx es gibt, die eine solche Identität für erreichbar halten, so entschieden wird diese Möglichkeit andererseits auch bestritten. Vor allem die Natur geht nie in den Weisen ihrer Bearbeitung durch die Menschheit auf. Es bleibt ein Rest von Nicht-Identität, der zwar nicht religiös gedeutet werden muß, sondern z. B. auch stoisch ertragen werden kann, in dem jedoch das Verlangen nach völliger Identität, nach Einlösung von weitergehenden Verheißungen als denen der ökonomischen Schicksalslosigkeit auch in Gestalt von Christentum möglich bleibt.

. . .

Die theologische Diskussion des Marxismus kann sich nicht damit begnügen, positive Argumente gegen die explizite Religionskritik Marx' anzuführen, sie muß statt dessen prüfen, inwieweit die Fundamente der Marxschen Lehre: Kritik der ökonomischen Verhältnisse in der bürgerlich-kapitalistischen Gesellschaft, Ideologiekritik, Revolutionstheorie, für das Christentum selbst relevant sind.

So etwa in der theologischen Wissenschaftsreflexion: ob man von Unmittelbarkeit des Glaubens sprechen kann, ob nicht die historisch-gesellschaftliche Vermitteltheit aller subjektiven religiösen Erfahrung mehr als bloß kategorial einbezogen werden muß. In personalistischen, existentialistischen und bestimmten transzendentalen Formen der Theologie kann man beispielsweise subjektive Reaktionen auf politisch-gesellschaftliche Verhältnisse erkennen; es wäre dementsprechend zu bedenken, ob die Theologie nicht generell Modelle der Theorie- und Praxisdialektik übernehmen muß, d. h., ob nicht aller theologischen Systematik eine Analyse der konkreten gesellschaftlichen Lebensbedingungen vorauszuschicken ist, um beispielsweise nicht historisch bedingte, keineswegs unabänderliche Entfremdungsformen voreilig für Naturnotwendigkeit oder von Gott verhängt zu deklarieren.

Damit würde auch der marxistische Verdacht, das Christentum brauche, um überhaupt existieren zu können, ein gewisses Quantum Elend unter den Menschen, gegenstandslos; denn eine Theologie, die sich mit der religiösen *Erklärung* politisch-gesellschaftlicher Defekte nicht begnügt, übt Kritik, leistet Widerstand, insistiert auf Emanzipation des Menschen. Erst unter dieser Voraussetzung kann von Unverfügbar-Menschlichem gesprochen werden; oder anders: Erst die politisch-gesellschaftlich reflektierende und zur Praxis drängende Theologie kann zu Recht auf die subjektive Glaubenserfahrung rekurrieren.
Der strittige Punkt in der Auseinandersetzung von Marxismus und Christentum besteht also letztlich darin, ob das Christentum den kritischen Überschuß, das Ungenügen an den bestehenden Zuständen, bloß kontemplativ auffängt oder auch zur Praxis, d. h. zur Kritik und Veränderung, übergeht. Wenn die Auseinandersetzung mit der Marxschen Lehre *nur* theoretisch beschrieben wird, endet sie hier aporetisch. Die Religionskritik von Marx läßt sich nur bedingt theoretisch widerlegen. Die Wahrheit des Christentums muß sich konkret in der Praxis erweisen.

20. PAUL RICOEUR

Der Atheismus der Psychoanalyse Freuds

Daß S. Freud einer der großen Atheisten unserer heutigen Kulturepoche ist, daran ist nicht zu zweifeln. Um dies zu erkennen, braucht man nur „Die Zukunft einer Illusion", „Das Unbehagen in der Kultur" und „Der Mann Moses und die monotheistische Religion" zu lesen. Wichtiger jedoch als dies ist, die *Art* des hier zum Ausdruck kommenden Atheismus zu bestimmen und vor allem seine tatsächliche *Beziehung zur eigentlichen Psychoanalyse*.
Was den *ersten* Punkt angeht, so ist die Freudsche Religionskritik, genaugenommen, nicht positivistisch. Die Religion ist zwar in den Augen Freuds eine *Illusion*, an deren Stelle die Wissenschaft treten soll; doch diesen Positivismus teilt Freud mit den meisten Wissenschaftlern seiner Zeit. Viel interessanter ist es, ihn mit der Religionskritik von L. Feuerbach, F. W. Nietzsche und K. Marx zu konfrontieren: All diese Denker beabsichtigen, auf dem Umweg über eine Kulturkritik der Religion den Todesstoß zu versetzen; sie alle erforschen ihre Genese oder – um mit Nietzsche zu sprechen – ihre Genealogie, in der es darum geht, in verborgenen Bewußtseinsregungen den Ursprung einer „Illusion", einer erfinderischen Funktion zu entdecken. Zu dieser neuartigen Kritik gehört auch die Psychoanalyse der Religion: Die Illusion, die sie zu entlarven beabsichtigt, ähnelt weder dem Irrtum im erkenntnistheoretischen noch der bewußten und freiwilligen Lüge im moralischen Sinn; sie ist ein Produkt des Sinnlich-Triebhaften, dessen Sinn dem verschlossen bleibt, der es hegt und das einer speziellen Entzifferungs- und Entschlüsselungstechnik bedarf. Diese *Exegese* des „falschen Bewußtseins" setzt eine Interpretationstechnik voraus, die mit Philosophie und Textkritik mehr Ähnlichkeit aufweist als mit Physik oder Biologie. Daher ruht der dadurch bedingte

Atheismus nicht auf dem gleichen Fundament wie der Atheismus des szientistischen Materialismus oder des logischen, empirischen Positivismus. Es handelt sich hier viel eher um eine reduktionistische Hermeneutik, angewandt auf Wirkungen des Sinnlich-Triebhaften, die dem Kulturbereich angehören. In dieser Hinsicht ähnelt die Freudsche Psychoanalyse der Religion viel mehr der Genealogie der Moral im Nietzschischen Sinn oder sogar der Theorie von den Ideologien marxistischer Prägung als der Kritik an Theologie und Metaphysik bei August Comte.
Die Ähnlichkeit mit Feuerbach, Marx und Nietzsche geht sogar noch tiefer: Bei ihnen allen ist die Reduktion der Illusionen nur die Kehrseite eines positiven Befreiungsversuchs und, gerade dadurch, einer Bejahung des Menschen als Menschen; auf verschiedene Weise und auf anscheinend entgegengesetzten Wegen beabsichtigen diese Meister des Zweifels, die ursprüngliche Stellung der in einer fremden Transzendenz verlorengegangenen Macht des Menschen ins Licht zu rücken; ob es sich nun um den marxistischen Sprung vom Reich der Notwendigkeit ins Reich der Freiheit mittels einer wissenschaftlich-umfassenden Erkenntnis der Gesetze der Geschichte handelt oder um den Übergang vom Lust- zum Realitätsprinzip bei Freud – immer ist die Absicht die gleiche: dem Menschen sich selbst zu enthüllen: als bejahungsmächtig und sinnschöpferisch. Hinsichtlich dieser näheren oder entfernteren Absicht ist die Interpretation der Religion in ihren negativen Aspekten nur die Aszese, durch die das Triebhafte hindurch muß, bevor es wieder in den Besitz seiner eigenen Größe gelangt.
Mit diesem Fernziel, das den Zweifel und die Technik der Interpretation passiert, spricht Freud den heutigen Menschen in seiner Tiefe an. Freud hat nicht nur, ja, nicht einmal hauptsächlich eine neue Therapeutik eingeführt, er gab eine allumfassende Interpretation der kulturellen Erscheinungen sowie der Religion als Teil der Kultur; durch Freud vollzieht unsere Kultur ihre eigene Selbstanalyse. Und dieses ungeheure Ereignis gilt es zu verstehen und zu beurteilen.
In welcher Beziehung steht nun diese Religionskritik zur eigentlichen Psychoanalyse?

. . .

Sie hat mit ihr zu tun als einer der Dimensionen der Kultur. Die Kultur verhält sich nämlich, ökonomisch betrachtet, d. h. vom Gesichtspunkt ihrer affektiven Bilanz an Lust und Unlust, an Befriedigung und Versagung her gesehen, auf vielfache Weise zum Trieb des Menschen: Sie verbietet und sie tröstet; sie untersagt den Inzest, den Kannibalismus und den Mord: In dieser Hinsicht fordert sie vom einzelnen das Opfer des Instinktes; gleichzeitig besteht jedoch ihre eigentliche Existenzberechtigung darin, uns gegen die Natur zu schützen. Unter dieser Rücksicht bietet sich die Natur an, die Last der den Menschen auferlegten Instinktopfer zu lindern, die einzelnen mit den unvermeidlich geforderten Verzichten wieder auszusöhnen, ihnen für ihr Opfer Ersatzbefriedigung anzubieten. In diesem Sinne ist die Kultur ein Trost. Sieht man die Religion als einen der Gipfelpunkte der Kultur, so ist sie das erhabenste Werkzeug dieser Aszese und Aussöhnung. Und hier, unter dieser doppelten Rücksicht, stößt die Religion auf den Trieb und auf die Furcht: die Furcht vor Strafe und das triebhafte Verlangen nach Trost. Ja, ihr

eigentliches Antlitz ist das des Trostes. Die Religion ist die letzte Antwort auf die *Härte* des Lebens, die der Mensch in seiner Kultur findet. Diese Härte besteht in der Ohnmacht des Menschen gegenüber den zermalmenden Naturkräften, gegenüber Krankheit und Tod, in der Ohnmacht, die Ich-Du-Beziehung zu bewältigen, die zu Haß und Krieg verurteilt bleibt, in der Ohnmacht, die Kräfte seines Instinktes zu beherrschen, die ihn von innen her bedrohen, und gleichzeitig den unerbittlichen Herrn in Gestalt des Über-Ich zufriedenzustellen: Auf diese Härte des Lebens antwortet der Trost, den die Religion spendet.
Begegnet aber die Psychoanalyse der Religion als einem Faktor der Kultur, so nimmt sie, unabhängig vom Glauben oder Unglauben des Psychoanalytikers, notwendig eine Haltung an, die die Wahnbilder des Menschen stürzt. Die Psychoanalyse spricht nicht von Gott, sondern von *dem* Gott des Menschen; für sie ist Religion eine in den Bereich der Triebstrategie fallende Illusion.

...

Dieses Problem der Projektionen steht im Mittelpunkt der Freudschen Illusionstheorie. Zur gleichen Zeit nämlich, zu der jene Vorbilder verinnerlicht werden, die von der elterlichen Autorität sowie von den später an ihre Stelle tretenden Autoritäten aufgezwungen sind – zur gleichen Zeit projiziert der Trieb den Ursprung des Verbots und mehr vielleicht noch den Ursprung des Trostes in einen transzendenten Bereich. Alles gruppiert sich hier um jenen Kern, den das Väterliche bildet, um die Vatersehnsucht. Der Gott des Menschen, Idol seines Triebes, ist die übersteigerte Gestalt eines Vaters, der droht, der verbietet, der Gesetz und Namen gibt, der die Ordnung der Dinge und der Gesellschaft begründet, der ausgleicht und tröstet und den Menschen mit der Härte des Lebens wieder aussöhnt.

...

In „Die Zukunft einer Illusion" und in „Das Unbehagen in der Kultur" versucht Freud, die Genese der Illusion, auf der Ebene des Individuums wie auf der des Historischen, in die Kulturkritik zurückzuverlegen, so wie wir sie oben beschrieben haben: Verringerung der Last der den Menschen auferlegten Instinktopfer; Wiederaussöhnung der einzelnen mit jenen Verzichten, die unvermeidlich sind; Anbieten von Ersatzbefriedigung für diese Opfer; die Vatergestalt, so wie sie durch den Mechanismus der Wiederkehr des Verdrängten wiederholt wird, wird zum Mittelpunkt des „Trostes", weil der Mensch für alle Zeiten schwach wie ein Kind ist, bleibt er auch eine Beute der Vatersehnsucht. Wenn aber nun jede Not Vatersehnsucht ist, ist jeder Trost eine Neubelebung des Vaters. Der Mensch – als Kind – formt angesichts der Natur seine Götter nach dem Vaterbild. ... Und dies ist die spezifisch psychoanalytische Religionsdeutung: Ihr verborgener Sinn ist die Vatersehnsucht.

...

Wir sind noch weit davon entfernt, uns die *Wahrheit* des Freudismus über die Religion angeeignet zu haben. Der Freudismus hat zwar den Glauben der Ungläubigen bereits gestärkt, jedoch kaum begonnen, den Glauben der Gläubigen zu läutern.

In *zwei* Punkten haben wir von Freud noch zu *lernen:* in der Beziehung der Religion zum *Verbot* und in ihrer Beziehung zum *Trost.* Wir werden die eigentlich biblische Dimension der Sünde erst dann zurückgewinnen, wenn wir in uns selbst alles Archaische, Infantile und Neurotische, das im „Schuldgefühl" noch drinsteht, „liquidiert" haben. Die Schuld ist eine Falle, eine Gelegenheit, zurück- und auf einem vormoralischen Standpunkt stehenzubleiben, im Archaismus zu erstarren. Nirgendwo ist es notwendiger, durch eine „Destruktion" hindurchzugehen, um den authentischen Sinn von Sünde wiederzuerlangen. Könnte uns nicht die Freudsche Kritik am Über-Ich zur paulinischen Kritik am Gesetz und seinen Werken führen? ...

Doch vielleicht ist es im Bereich des *Trostes,* daß man die Lehre der Psychoanalyse überhaupt noch nicht wahrgenommen hat. Es gibt nämlich zwei Arten von unentwirrbar miteinander verflochtenen Tröstungen: den kindlichen und götzendienerischen Trost, den gleichen, den auch die Freunde Jobs bekannten – und den Trost dem Geist nach, der nichts Narzistisches und Eigennütziges mehr an sich trägt, der gegen die Widerwärtigkeiten des Daseins keinen Schutz und vor der Härte des Lebens keine Zuflucht mehr bietet. Dieser Trost steht nur dem höchsten Grad von Gehorsam gegenüber der Wirklichkeit offen, und er muß durch die Trauer des ersten Trostes hindurch. Derjenige jedoch, der diesen Weg bis zum Ende gegangen wäre, hätte wahrhaft den Freudschen Ikonoklasmus in die Bewegung des Glaubens selbst hineingenommen.

21. JOHN BAMBERGER

Auseinandersetzung mit Freud

Die Hauptstudie Freuds über die Religion war „Die Zukunft einer Illusion"; sie wurde 1927 veröffentlicht ...

Die These dieses Buches lautet, die Religion sei eine Illusion und habe daher kein Recht, vom Menschen Glauben zu verlangen. Freilich definiert Freud die Illusion auf eine seltsame Weise. „Eine Illusion ist nicht dasselbe wie Irrtum, sie ist auch nicht notwendig ein Irrtum ... Wir heißen also einen Glauben eine Illusion, wenn sich in seiner Motivierung die Wunscherfüllung vordrängt. „Es ist möglich", so fügt er hinzu, „daß die Illusion tatsächlich wahr ist oder wird; es besteht aber kein vernünftiger Grund anzunehmen, sie sei oder werde wahr werden." Er bringt dafür das Beispiel eines bürgerlichen Mädchens, das sich einbildet, es werde ein Prinz kommen und es heiraten. Das wäre möglich, doch ist kein Grund vorhanden, der den Glauben stützte, es werde tatsächlich geschehen.

Und nun findet Freud, die Religion sei offensichtlich solch ein Wunsch. „... es wäre ja sehr schön, wenn es einen Gott gäbe als Weltenschöpfer und gütige Vorsehung, eine sittliche Weltordnung und ein jenseitiges Leben, aber es ist doch sehr auffällig, daß dies alles so ist, wie wir es uns wünschen müssen. Und es wäre noch sonderbarer, daß unseren armen, unwissenden, unfreien Vorvätern die Lösung all dieser schwierigen Welträtsel geglückt sein sollte."

Dies ist im wesentlichen sein Beweis, mit dem er dartun will, daß die Religion keinen Anspruch auf unseren Glauben erheben kann. Freud selber erklärt, er finde diese Argumentation zwingend und sie beweise evident, daß die Religion dem Menschen nichts zu sagen habe und eine Illusion sei. Wir sind der Religion nichts schuldig; denn selbst wenn sie wahr wäre, zeigt sie sich psychologisch nicht so. Sie kann nicht fordern, daß wir sie als Wahrheit annehmen. Nur die Schwachen und Unwissenden werden an ihr festhalten ...

Nicht jedermann wird den Beweis so zwingend finden wie Freud. Denn in Wirklichkeit beweist er nichts als die Tatsache, daß gewisse Glaubenssätze der Religion tief im Herzen der Menschen verwurzelten Wünschen entsprechen. Das erbringt keinen Beweis, weder für noch gegen die Wahrheit der Religion. Man hat schon lange betont, daß das Vorhandensein des unausrottbaren, allgemeinen Wunsches nach Unsterblichkeit und einem persönlichen Schicksal nicht beweist, daß der Glaube an das ewige Leben eine Illusion ist, sondern daß es eine Ewigkeit und ein persönliches, absolutes Wesen gibt. Dieses elementare Bedürfnis, mit dem Göttlichen verbunden zu sein, ist kein bloß kindlicher Wunsch wie etwa der des Mädchens, das auf den Zauberprinzen wartet; er steigt vielmehr aus tiefstem Sehnen des Menschengeistes empor und bestimmt den Menschen ganz eigentlich als Person. Der Inhalt des Begriffes Person schließt ein Element der Transzendenz und eine Beziehung zum Absoluten in sich ...

Eine weitere Schwäche in diesem Argument liegt in der irreführenden Definition, die Freud von dem Wort „Illusion" bietet. Er behauptet, eine Illusion liege dann vor, wenn eine Wunscherfüllung in der Erhaltung des Glaubens eine hervorragende Rolle spielt und wenn sie „die Wirklichkeit nicht beachtet". Offenbar versteht Freud hier unter Wirklichkeit die weltliche, konkrete, materielle Wirklichkeit. Diese Definition bildet ein klassisches Beispiel einer „petitio principii": Sie bietet eine derartige Begriffsbestimmung der Illusion, daß die Religion, sobald wir diese Sonderdefinition annehmen, unausweichlich unter die Illusionen fällt.

Diese Widerlegung der These Freuds ist entscheidend. Aber sie bildet bei weitem nicht den Haupteinwand gegen „Die Zukunft einer Illusion" ... Es ist überraschend, von Freud nach seiner Behauptung, er habe mit seiner wissenschaftlichen Analyse der Religion die Gültigkeit der religiösen Erfahrung widerlegt, zu vernehmen, daß er selber diese Form der Begegnung mit dem Göttlichen nie erlebt noch sie bei anderen gefunden hat. Er hatte also gar nicht geahnt, daß solch eine Erfahrung überhaupt existiert. Er kann daher bloß schwach zugeben: „Ich habe nichts vorzubringen, was die Lösung dieses Problems entscheidend beeinflussen würde." Trotzdem bringt ihn dies nicht dazu, seine Forschung neu aufzunehmen ...

Diese Vernachlässigung offensichtlicher Tatsachen, dieser Mangel an Interesse, der über Erfahrungsgegebenheiten hinweggleitet, ohne sie näher zu prüfen, ist die Verneinung der wissenschaftlichen Methode. Der besondere hier vorliegende Fall bringt zum Vorschein, daß Freud echten religiösen Glauben und seine Erfahrung nie wahrhaft studiert hat. Das gibt er selber zu, wenn er von der „Zukunft einer Illusion" schreibt: „In diesem Werk ... handelte es sich weit weniger um die tiefsten Quellen des religiösen Gefühls als vielmehr um das, was der gemeine Mann unter seiner Religion versteht." Daß der gemeine Mann in Wirklichkeit vielleicht keineswegs echten oder auch nur gewöhnlichen Glauben und seine Übung darstellt, scheint ihm nicht zum Bewußtsein gekommen zu sein oder ihn beschäftigt zu haben. Das Problem besteht darin, daß Freud selbst sich nie wirklich darum bekümmerte, was Religion ist.

22. WOLFHART PANNENBERG

Der Streit um die menschliche Freiheit

Sahen Kant, der späte Fichte, Schleiermacher, Hegel den Menschen als das über sich und alles Endliche hinaus auf eine das Endliche transzendierende Wirklichkeit verwiesene Wesen, so daß erst die Erhebung zu Gott den Menschen von der Befangenheit im Endlichen befreit, so haben umgekehrt Feuerbach und seine Nachfolger bis hin zu Sartre im Gottesgedanken ein Hindernis menschlicher Freiheit bekämpft. Die durch den modernen Atheismus gestellte Kernfrage lautet: Setzt der Mensch im Vollzug seines Daseins eine ihm und allem Endlichen jenseitige, ihn gerade im Akt seiner Freiheit tragende und zur Freiheit erst befähigende Wirklichkeit voraus, auf die sich alles Reden von Gott bezieht? Oder schließt vielmehr die Freiheit des Menschen das Dasein eines Gottes aus, so daß mit Nietzsche, Nicolai Hartmann, Sartre um der Freiheit des Menschen willen das Nichtsein Gottes, nicht dessen Dasein, postuliert werden muß? Dies dürfte die Kernfrage sein, mit der der moderne Atheismus steht und fällt und deren Entscheidung eine zwar für sich allein noch nicht hinreichende, aber unentbehrliche Grundbedingung jeder Rechtfertigung eines Redens von Gott ist. ...
Die atheistische Behauptung, der Gottesgedanke sei Ausdruck einer Selbstentfremdung des Menschen und bedrohe die menschliche Freiheit und damit die Humanität selbst, darf nicht leicht genommen werden. Sie zwingt die Theologie, wenn diese sich dem Gewicht des Argumentes stellt, zumindest zu einer einschneidenden Neuformulierung des Gottesgedankens. An den Schlüsselproblemen des göttlichen Vorherwissens und der Prädestination zeigt sich nämlich, daß der traditionelle christliche Theismus tatsächlich in einem antinomischen Verhältnis zur menschlichen Freiheit steht, so sehr auf der anderen Seite die Gottebenbildlichkeit des Menschen den Gedanken der menschlichen Bestimmung zur Freiheit als Abbild der schöpferischen Freiheit Gottes gefördert hat. ...
Wenn die Ewigkeit Gottes als die grenzenlose Dauer eines von Anfang an bestehenden Wesens gedacht wird, dann muß die Allmacht und allwissende Vorsehung dieses Gottes den Weltprozeß von Anfang an in allen Einzelheiten festgelegt haben, und dann bleibt für echte Freiheit irgendeines Geschöpfes kein Raum. ...
Doch eben dieser Ungedanke eines Gottes, der ein mit Allmacht und Allwissenheit ausgestattetes vorhandenes Seiendes wäre, dieser Ungedanke ist es, gegen den die atheistische Kritik sich im Namen der Freiheit des Menschen wendet. Man kann nicht sagen, daß das im Hinblick auf den traditionellen christlichen Theismus

puren Unverstand offenbarte. Die christliche Gotteslehre hat vielmehr in der Tat und in aller Unschuld Gott nach Analogie des Vorhandenen gedacht. Sie hat damit den biblischen Gedanken des allmächtigen göttlichen Geschichtshandelns verbunden und bemühte sich dann vergeblich, die ruinösen Konsequenzen abzubiegen, die sich aus dieser Kombination ergaben. Hier ist die atheistische Kritik im Recht. Ein mit Allmacht und Allwissenheit handelndes *vorhandenes* Wesen würde Freiheit unmöglich machen. Aber ein solches Wesen wäre auch nicht Gott, weil es nicht die alles bestimmende Wirklichkeit sein könnte, da zumindest die Wirklichkeit der Freiheit, der Subjektivität des Menschen ihm entzogen bliebe....

Wie aber läßt sich von Gott als Wirklichkeit sprechen, ohne daß von ihm als vorhandenem Wesen geredet würde? Gibt es eine Alternative? Deckt sich nicht vielmehr der Umkreis des Wirklichen mit dem, was gegenwärtig vorhanden ist? Oder ist auch das gegenwärtig nicht mehr oder noch nicht Vorhandene „wirklich", nämlich wirksam im Gegenwärtigen? Während das Vergangene sich immerhin als ehemals vorhanden denken läßt, als ob seine Wirklichkeit darin gründet, daß es ehedem vorhanden war, scheint insbesondere die Zukunft eine Alternative zu eröffnen zu einem Verständnis des Wirklichen, das nur am Vorhandenen orientiert ist. Denn das Künftige ist noch nicht vorhanden, und dennoch bestimmt es schon die gegenwärtige Erfahrung, jedenfalls die gegenwärtige Erfahrung von Wesen, die – wie der Mensch – auf Zukunft orientiert sind und ihre Gegenwart und Vergangenheit immer schon im Licht erhoffter oder befürchteter Zukunft erleben. Die Zukunft ist also wirklich, obwohl sie noch nicht vorhanden ist. Das könnte immerhin auch für die Frage nach der Wirklichkeit Gottes bedeutsam sein im Hinblick darauf, daß Jesus die Gottesherrschaft, die doch vom Gottsein Gottes nicht zu trennen ist, als künftige angekündigt hat.

Die Wirklichkeit der Zukunft im Gegensatz zum Vorhandenen äußert sich nicht zuletzt in der Freiheit des Menschen, deren Reich die noch nicht realisierten Möglichkeiten sind, in denen es dem Menschen um seine Zukunft und um die Zukunft seiner Welt geht und durch die er sich selbst zur Zukunft des Vorhandenen macht. Die Wirklichkeit der Zukunft und die der Freiheit gehören also dem Vorhandenen gegenüber zusammen. Beide sind selbst nicht vorhanden, aber haben Macht über das Vorhandene.

Ist mit solcher Korrespondenz zwischen der Wirklichkeit der Zukunft und dem Wesen der Freiheit etwa bereits *Gott* als Ursprung der Freiheit gedacht, wenn anders Gott als die Macht der Zukunft, als der Gott, dessen Herrschaft im *Kommen* ist, gedacht wird? Oder trennt nicht ein Sprung die Verwiesenheit von Freiheit auf Zukunft von dem Gedanken, daß Gott es sei, der Freiheit eröffnet? Der Sprung zwischen beiden Gedanken scheint besonders durch den untilgbar personalen Klang des Wortes „Gott" zu entstehen. Aber nun sind Freiheit und Personalität einander eng verwandt. Läßt sich Personalität von der Seinsweise des Vorhandenen unterscheiden, so ist es vielleicht doch nicht so gänzlich aussichtslos, in der Verwiesenheit der Freiheit auf Zukunft Gott als den Ursprung der Freiheit zu finden.[1]

[1] Vgl. dazu auch Text 7 in Heft 2 und die Texte 16 und 18 in Heft 3!

23. SIGURD MARTIN DAECKE

Kritik an der Gott-ist-tot-Theologie

... Auf welche Weise ist die schmerzliche Erfahrung des „Todes Gottes" nun zustande gekommen, und welche Konsequenzen sind aus ihr zu ziehen? Hier liegen die beiden schwachen Stellen der „Tod-Gottes"-Theologie.

Erstens: Die *Herkunft* der Erfahrung des Todes Gottes. ... [Es gilt für Altizer] ..., was der deutschen kritischen Theologie ... unberechtigterweise vorgeworfen wird: Konzessionen an die „moderne Denkweise" zu machen, das „moderne Weltbild" Kriterium und Maßstab dessen sein zu lassen, was geglaubt oder auch nicht geglaubt werden könne. „Die Tod-Gottes-Theologen greifen die Not des säkularen Menschen angesichts traditioneller Gottesvorstellungen auf und machen sie zur Tugend" [Thielicke].

Der „Tod Gottes" ist... keine exegetisch gewonnene Erkenntnis, hat auch... selbst bei Altizer (der das behauptet) mit dem Tod Jesu nichts zu tun, sondern gründet sich – gerade bei Altizer – auf Nietzsche statt auf das Evangelium. Hier kann man nicht einmal von einer Korrelation zwischen Glaube und Zeitgeist sprechen, hier ist tatsächlich die „Welterfahrung Kriterium des Gottesgedankens" [Thielicke]. ... Hier werden die „Prinzipien des Verstehens maßgeblich für das, was im Glauben angeeignet werden kann" [Thielicke], hier kann man mit Recht vom „Primat", von der „Prävalenz des Selbstbewußtseins" sprechen. Die These „Gott ist tot" entspringt der Konfrontation der herkömmlichen, heute auch von traditionsgebundenen Theologen nicht mehr akzeptierten, weil unbiblischen Vorstellung eines überweltlichen, übergeschichtlichen, jenseitigen Gottes mit der modernen Anschauung von einer weltlichen, geschichtlichen, diesseitigen Welt, die ebenso falsch ist, wenn sie allein die *ganze* Wirklichkeit beschreiben soll. Da nun die intellektuelle Redlichkeit dazu verpflichtet, das säkulare Weltverständnis zu akzeptieren, und da die „Tod-Gottes"-Theologen sowohl das immanentistische Weltverständnis als auch das supranaturalistische Transzendenzverständnis gleichermaßen unkritisch übernehmen – muß der „Tod", der „Totalverlust" Gottes zwangsweise passieren.

Damit sind wir schon beim *zweiten* Punkt, den *Konsequenzen* aus dem „Tode Gottes". ... [Man hat richtig gesehen], daß die „Tod-Gottes"-Theologen – wenn auch in negativer Weise – auf die *traditionelle* Gottesvorstellung fixiert bleiben, auf den ungeschichtlichen, unvermittelten, statischen Dualismus von Diesseits und Jenseits, von gottloser Welt und weltlosem Gott. Sie bleiben im Transzendenz-Immanenz-Schema befangen und können daher, wenn sie (zu Recht!) eine überweltliche und übergeschichtliche Transzendenz ablehnen, nur die platte Immanenz übrigbehalten. Statt die zerbrochene Wirklichkeit zu vereinen, halbieren sie sie.

Man tut ihnen Unrecht, wenn man ihnen unterstellt, ihre Rede vom „Tod Gottes" sei lediglich eine „journalistische Masche", ein „Verblüffungstrick", sie nähmen das in Wirklichkeit weder ernst noch wörtlich. Denn es handelt sich – wie wir gesehen haben – um ernsthafte, seriöse Theologen, die bewußt Christen bleiben wollen und mit Gott und erst recht mit seinem Tode keine makabren Scherze trei-

ben. Unsere Zitate haben gezeigt, daß man ihnen intellektuelle Redlichkeit und sogar Glaubensernst nicht absprechen kann. Was man ihnen dagegen leider bescheinigen muß, ist, daß sie die biblische Botschaft zuwenig ernst nehmen und außerdem theologisch einfalls- und phantasielos sind.
„Gott ist tot", heißt es. Aber *welcher* Gott ist tot? Die „christlichen Atheisten" behaupten: jeder Gott ist tot – nicht nur der supranaturalistisch oder theistisch, also falsch verstandene. Aber es zeigte sich, daß die „Tod-Gottes"-Theologen nur den mit dem traditionellen Transzendenzbegriff erfaßten, überweltlichen, jenseitigen, also den theistischen Gott kennen. Sie denken noch in dem dualistischen Schema, das die Transzendenz der Immanenz entgegensetzt. *Welcher* Gott ist also tot? Tot ist nur der jenseitige, der im Gegensatz zur Immanenz, als Transzendenz für die Immanenz, gedachte Gott, der Gott „im Himmel", jenseits der Grenze, der „Ganz Andere". Tot ist also – gerade wenn man die Aussagen der „radikalen Theologen" zugrunde legt – trotz ihrer gegenteiligen Beteuerungen nur der „falsche" Gott, das falsche Gottesverständnis, der theistische Gott im Jenseits. Denn nur dieser Gott kommt in der „Tod-Gottes"-Theologie überhaupt vor. Also ist nur er von ihrer Toterklärung betroffen.

II. Vatikanisches Konzil

Die Haltung der Kirche zum Atheismus

Die Kirche kann, in Treue zu Gott wie zu den Menschen, nicht anders, als voll Schmerz jene verderblichen Lehren und Maßnahmen, die der Vernunft und der allgemeinmenschlichen Erfahrung widersprechen und den Menschen seiner angeborenen Größe entfremden, mit aller Festigkeit zu verurteilen, wie sie sie auch bisher verurteilt hat.
Jedoch sucht die Kirche die tiefer in der atheistischen Mentalität liegenden Gründe für die Leugnung Gottes zu erfassen und ist im Bewußtsein vom Gewicht der Fragen, die der Atheismus aufgibt, wie auch um der Liebe zu allen Menschen willen der Meinung, daß diese Gründe ernst und gründlicher geprüft werden müssen.
Die Kirche hält daran fest, daß die Anerkennung Gottes der Würde des Menschen keineswegs widerstreitet, da diese Würde eben in Gott selbst gründet und vollendet wird. Denn der Mensch ist vom Schöpfergott mit Vernunft und Freiheit als Wesen der Gemeinschaft geschaffen; vor allem aber ist er als dessen Kind zur eigentlichen Gemeinschaft mit Gott und zur Teilnahme an dessen eigener Seligkeit berufen. Außerdem lehrt die Kirche, daß durch die eschatologische Hoffnung die Bedeutung der irdischen Aufgaben nicht gemindert wird, daß vielmehr ihre Erfüllung durch neue Motive unterbaut wird. Wenn dagegen das göttliche Fundament und die Hoffnung auf das ewige Leben schwinden, wird die Würde des Menschen aufs schwerste verletzt, wie sich heute oft bestätigt, und die Rätsel von Leben und Tod, Schuld und Schmerz bleiben ohne Lösung, so daß die Menschen nicht selten in Verzweiflung stürzen.

Jeder Mensch bleibt vorläufig sich selbst eine ungelöste Frage, die er dunkel spürt. Denn niemand kann in gewissen Augenblicken, besonders in den bedeutenderen Ereignissen des Lebens, diese Frage gänzlich verdrängen. Auf diese Frage kann nur Gott die volle und ganz sichere Antwort geben; Gott, der den Menschen zu tieferem Nachdenken und demütigem Suchen aufruft.
Das Heilmittel gegen den Atheismus kann nur von einer situationsgerechten Darlegung der Lehre und vom integren Leben der Kirche und ihrer Glieder erwartet werden. Denn es ist Aufgabe der Kirche, Gott den Vater und seinen menschgewordenen Sohn präsent und sozusagen sichtbar zu machen, indem sie sich selbst unter der Führung des Heiligen Geistes unaufhörlich erneuert und läutert; das wird vor allem erreicht durch das Zeugnis eines lebendigen und gereiften Glaubens, der soweit herangebildet ist, daß er die Schwierigkeiten klar zu durchschauen und sie zu überwinden vermag. Ein leuchtendes Zeugnis dieses Glaubens gaben und geben die vielen Martyrer. Dieser Glaube muß seine Fruchtbarkeit bekunden, indem er das gesamte Leben der Gläubigen, auch das profane, durchdringt und sie zur Gerechtigkeit und Liebe, vor allem gegenüber den Armen, bewegt. Dazu, daß Gott in seiner Gegenwärtigkeit offenbar werde, trägt schließlich besonders die Bruderliebe der Gläubigen bei, wenn sie in einmütiger Gesinnung zusammenarbeiten für den Glauben an das Evangelium und sich als Zeichen der Einheit erweisen.
Wenn die Kirche auch den Atheismus verwirft, so bekennt sie doch aufrichtig, daß alle Menschen, glaubende und nichtglaubende, zum richtigen Aufbau dieser Welt, in der sie gemeinsam leben, zusammenarbeiten müssen. Das kann gewiß nicht geschehen ohne einen aufrichtigen und klugen Dialog. Deshalb beklagt sie die Diskriminierung zwischen Glaubenden und Nichtglaubenden, die gewisse Staatslenker in Nichtachtung der Grundrechte der menschlichen Person ungerechterweise durchführen. Für die Glaubenden verlangt die Kirche Handlungsfreiheit, damit sie in dieser Welt auch den Tempel Gottes errichten können. Die Atheisten aber lädt sie schlicht ein, das Evangelium Christi unbefangen zu würdigen.
Denn sehr genau weiß die Kirche, daß ihre Botschaft dann dem tiefsten Verlangen des menschlichen Herzens entspricht, wenn sie die Würde der menschlichen Berufung verteidigt und denen, die schon an ihrer höheren Bestimmung verzweifeln, die Hoffnung wiedergibt. Ihre Botschaft mindert nicht nur den Menschen nicht, sondern verbreitet, um ihn zu fördern, Licht, Leben und Freiheit; und außer ihr vermag nichts dem Menschenherzen zu genügen: „Du hast uns auf dich hin gemacht, o Herr, und unruhig ist unser Herz, bis es Ruhe findet in dir."

VERFASSER- UND QUELLENNACHWEIS

Altizer, Thomas J. J. (Episcopal Church), Studium der Theologie in Chicago, seit 1961 Professor of Religion an der Universität Atlanta. Vertreter der Gott-ist-tot-Theologie. Verfasser des Buches „Daß Gott tot sei – Versuch eines christlichen Atheismus" (Zürich 1969). Text zitiert aus: Theologie im Umbruch, Kaiser-Verlag, München 1968, S. 83–86 (mit kleinen Auslassungen). Originaltitel des Aufsatzes von Altizer: Schöpferische Verneinung in der Theologie.

Améry, Jean, geb. 1912 in Wien; Studium der Literatur und Philosophie; 1938 Emigration nach Belgien; Verhaftung und zwei Jahre KZ-Haft; seit 1945 freier Schriftsteller und Rundfunkmitarbeiter; lebt in Brüssel; politisches Engagement; Agnostiker.
Schriften: Jenseits von Schuld und Sühne (1966); Über das Altern (1968).
Text zitiert aus: Hans Jürgen Schultz (Hrsg.), Wer ist das eigentlich – Gott? Kösel-Verlag, München 1969, S. 217–219.

Bamberger, John, kath., geb. 1926 in den USA; Trappist; Studium der Medizin, Psychiatrie und Theologie; Dr. med. (1949); Priesterweihe 1956.
Text zitiert aus: Ist die Religion Selbsttäuschung? Freuds Kampfansage an die Theologie. Aufsatz in: Concilium, 2. Jahrgang 1966, S. 438–440 (Auszüge).

Bense, Max, geb. 1910 in Straßburg; Studium der Mathematik, Physik und Philosophie. Nach einer Tätigkeit als Industriephysiker Kurator und Professor an der Universität Jena; seit 1950 Professor der Philosophie und Wissenschaftstheorie an der Technischen Hochschule Stuttgart; vertritt in Wort und Schrift einen existentiellen Atheismus.
Text zitiert nach: Club Voltaire I, Jahrbuch für kritische Aufklärung. Hrsg. Gerhard Szczesny. Szczesny Verlag, München ²1964, Auszug aus S. 67–71.

Bloch, Ernst, geb. 1885 in Ludwigshafen; Studium der Philosophie, Musik und Physik; seit 1908 freier Schriftsteller; mußte 1933 Deutschland verlassen; lebte während der NS-Zeit in Paris, Prag und Cambridge (USA); 1949 Ruf an den Lehrstuhl für Philosophie nach Leipzig; 1956 von den kommunistischen Behörden wegen schädlichen Einflusses auf die Jugend abgesetzt; ging 1961 in die BDR und erhielt einen Lehrstuhl für Philosophie in Tübingen; vertritt einen unorthodoxen und nicht parteikonformen Marxismus; in großangelegten Werken, die von einer profunden Kenntnis der menschlichen Kultur zeugen, betrachtet er alle menschlichen Leistungen unter dem Aspekt, ob sie Zeugnisse menschlicher Hoffnung sind; als Religionskritiker und Atheist steht er in ständigem Gespräch mit jüdischen und christlichen Theologen.
Schriften; Geist der Utopie (1919); Thomas Münzer als Theologe der Revolution (1923); Das Prinzip Hoffnung (1958); Atheismus im Christentum (1968).
Text zitiert aus: Das Prinzip Hoffnung, Suhrkamp-Verlag, Frankfurt 1959, 2. Band, S. 1522 bis 1524, 1526/27.

Camus, Albert, geb. 1913 in Mondovi (Nordafrika); Studium der Philosophie in Algier; während des Krieges gehörte er der französischen Widerstandsbewegung an; steht eine Zeitlang in engem Kontakt mit Sartre (s. d.) und dem französischen Exstentialismus; auf Grund seines Bemühens, die Negativität des Existentialismus zu überwinden, wendet er sich von Sartre ab; Verfasser bedeutender Dramen, Romane, Erzählungen und Prosa-

schriften; 1957 Nobelpreis; 1960 bei einem Autounfall ums Leben gekommen; stark beachtetes moralisches und politisches Engagement aus entschiedenem Agnostizismus bzw. Atheismus.
Werke: Der Fremde (1942); Die Pest (1947); Der Mensch in der Revolte (1949); Das Exil und das Reich (1957); Fragen der Zeit; Literarische Essays.
Text zitiert aus: Albert Camus, „Das Frühwerk“ 1967, Düsseldorf, Rauch Verlag, S. 515–519.

Daecke, Sigurd Martin, ev., geb. 1932 in Hamburg; Studium der Theologie; zunächst Vikar und Pastor in Hamburg; seit 1961 theologischer Redakteur; Mitarbeiter an zahlreichen Sammelwerken.
Text zitiert aus: Der Mythos vom Tode Gottes, Furche-Verlag, Hamburg 1969, S. 89–92 in Auszügen.

Feuerbach, Ludwig, geb. 1804 in Landshut; studierte zunächst Theologie, dann unter Hegels Einfluß Philosophie; Verfasser mehrerer religionsphilosophischer Schriften; Hauptwerke: „Das Wesen des Christentums“ (1841) und „Das Wesen der Religion“ (1845); konnte wegen seiner Religionskritik keine Professur übernehmen; großer Einfluß auf Marx, Engels und Freud; 1872 verarmt in Rechenbach bei Nürnberg gestorben.
Text zitiert nach: Ludwig Feuerbach, Das Wesen der Religion. Herausgegeben von Albert Esser, Hegner-Bücherei, Köln 1967, S. 97/98, 128–132, 212-214.

Flew, Antony, Professor of Philosophy in University College of North-Staffordshire; Vertreter der vor allem in den angelsächsischen Ländern verbreiteten Sprachanalyse.
Text zitiert nach: J. Sperna Weiland, Orientierung. Neue Wege in der Theologie. Furche-Verlag, Hamburg 1968, S. 105.

Freud, Sigmund, geb. 1856 in Freiburg (Mähren), Studium der Medizin; beschäftigte sich mit der Erforschung seelisch bedingter Krankheiten; seit 1902 Professor in Wien; fand im Unbewußten die Ursachen für seelische Störungen (Verdrängungen), die er durch das von ihm entwickelte Verfahren der Psychoanalyse (Bewußtmachung) zu heilen versuchte; wandte das psychoanalytische Verfahren nicht nur auf die Therapie von Neurosen an, sondern auch auf andere Gebiete der Psychologie und auf die allgemeine Kulturkritik; wichtige Arbeiten über die menschliche Sexualität; in seiner Religionskritik verbindet er ältere, aus der Philosophie der Aufklärung und aus dem Denken Feuerbachs kommende Motive mit neuen psychoanalytischen Gesichtspunkten; erhielt 1930 den Goethepreis, mußte 1938 als Jude seine Heimat verlassen; emigrierte nach London, wo er 1939 starb; seine Erkenntnisse und Methoden, die von den Nazis diffamiert wurden, sind von unabsehbarem Einfluß auf viele Wissenschaften geworden.
Die große Gesamtausgabe seiner Werke umfaßt 18 Bände. Viele Schriften zu seelischen Erkrankungen und zur Sexualtheorie. Für die Religionskritik sind u. a. wichtig: Totem und Tabu; Der Moses des Michelangelo; Die Zukunft einer Illusion; Das Unbehagen in der Kultur; Der Mann Moses.
Text aus: Die Zukunft einer Illusion; aus: Gesammelte Werke, chronologisch geordnet. Hrsg. Anna Freud u. a., 14. Band, 1963³, S. Fischer Verlag, Frankfurt.

Fromm, Erich, geb. 1900 in Frankfurt a. M., Psychoanalytiker, zunächst strenger Freudianer, verbindet in seinen neueren Schriften die Psychoanalyse mit der Soziologie und Geschichte. Seit 1934 Professor an verschiedenen Colleges und Universitäten in den USA. Werke: Sigmund Freuds Sendung; Die Kunst des Liebens; Psychoanalyse und Religion.
Text: Erich Fromm, Das Christusdogma, Szczesny-Verlag, München 1965, S. 25–27.

Gollwitzer, Helmut, ev., geb. 29. Dezember 1908 in Pappenheim, seit 1957 Professor für Systematische Theologie an der Freien Universität Berlin; nach 1933 Mitglied der Bekennenden Kirche; Freund Niemöllers und dessen Nachfolger in Berlin-Dahlem als Pfarrer (1937); russische Kriegsgefangenschaft; Beschäftigung mit dem Marxismus; viele theologische Publikationen, u. a.: ... und führen, wohin du nicht willst; Die Christen und die

Atomwaffen (1957); Forderungen der Freiheit – Aufsätze und Reden zur politischen Ethik (1962); Von der Stellvertretung Gottes (1967); Die reichen Christen und der arme Lazarus (1969). Text zitiert aus: Die marxistische Religionskritik und der christliche Glaube, J. C. B. Mohr, Tübingen. (Taschenbuchausgabe: Siebenstern-Taschenbuch 33, S. 598 ff.)

d'Holbach, Paul Tiry, geb. 1723 zu Edesheim (Pfalz), gest. 1789 in Paris. Wichtigster Vertreter des Materialismus und Atheismus in der Epoche der französischen Aufklärung. Hauptwerk: „Systeme de la nature", erschienen 1770, im gleichen Jahr vom Pariser Parlament zum Feuer verurteilt, weil es Religion und Moral untergrabe.
Text zitiert nach: Kurt Leese, Die Religionskrisis des Abendlandes und die religiöse Lage der Gegenwart, Hoffmann und Campe Verlag, Hamburg 1948, S. 86.

Marx, Karl, geb. 1818 in Trier als Sohn eines zum Protestantismus übergetretenen jüdischen Rechtsanwaltes; 1835–1836 Philosophiestudium in Bonn und Berlin; beeinflußt vom Kreis der Jung-Hegelianer; seit 1842 Journalist; mußte 1843 auf Druck der preußischen Regierung nach Paris emigirieren; dort Beginn der Freundschaft mit Friedrich Engels; Hinwendung zu Fragen der politischen Ökonomie; 1848 kurze Rückkehr nach Deutschland; ab 1849 in London, wo er zumeist in großer Armut lebt; 1883 dort gestorben. Begründer des Dialektischen und Historischen Materialismus; politischer Einsatz für den als Humanismus verstandenen Kommunismus, der den auf dem Privateigentum beruhenden Kapitalismus ablösen soll; in der Religionskritik von Feuerbach beeinflußt, führt durch Einbeziehung gesellschaftlicher Gesichtspunkte weit über Feuerbach hinaus. Hauptwerke: Kritik der Hegelschen Staatsphilosophie (1841/42); Deutsch-Französische Jahrbücher (darin auch: Zur Kritik der Hegelschen Rechtsphilosophie, 1843/44); Nationalökonomie und Philosophie (1844); Die heilige Familie (1844/45); Die deutsche Ideologie (darin: Thesen über Feuerbach, 1845/46); Manifest der kommunistischen Partei (1848); Zur Kritik der politischen Ökonomie (1859); Das Kapital, 3 Bände (seit 1867).
Texte zitiert nach: Karl Marx, Die Frühschriften. Herausgegeben von Siegfried Landshut. Kröner-Verlag, Stuttgart 1968, S. 340/41, 207–209, 216, 246–248.

Nietzsche, Friedrich, geb. 1844 in Röcken als Sohn eines protestantischen Pfarrers; schon 1869 Professor der klassischen Philosophie in Basel; gibt 1879 seinen Lehrstuhl auf, um sich nur noch seinen philosophischen Schriften widmen zu können; 1888 verfällt er in Turin dem Wahnsinn, 1900 in Weimar gestorben. In seinen Schriften bekämpft er die überkommene Metaphysik, die christliche Tradition und Moral. In seinen Werken entwickelt er das Bild eines vom Christentum befreiten Übermenschen und einer Herrenmoral. Wichtige Schriften: Unzeitgemäße Betrachtungen (1873); Morgenröte (1881); Die fröhliche Wissenschaft (1882); Also sprach Zarathustra (1883–1891); Jenseits von Gut und Böse (1886); Zur Genealogie der Moral (1887); Götzen-Dämmerung (1889); Ecce Homo (1908). Text: Die fröhliche Wissenschaft. Aph. 125 und 343. Aus: Nietzsche-Werke in zwei Bänden. Hrsg. von Gerhard Stenzel, Bergland Verlag, Salzburg, Bd. 2, S. 599 f., 645 f.

Pannenberg, Wolfhart, ev., geb. 2. Oktober 1928 in Stettin; Professor für Systematische Theologie in München; Werke: Offenbarung als Geschichte (1961); Grundzüge der Christologie (1964); Grundfragen systematischer Theologie (1967).
Texte zitiert aus: 1. Gottesfrage heute. Vorträge und Bibelarbeit in der Arbeitsgruppe Gottesfrage des 14. Deutschen Evangelischen Kirchentags, Stuttgart 1969, S. 55; 2. Reden von Gott angesichts atheistischer Kritik, in: Evangelische Kommentare, Heft 8/1969, Kreuz-Verlag, Stuttgart, S. 444 f.

Post, Werner, kath., geb. 1940; Schüler von Karl Rahner; Assistent an der Pädagogischen Hochschule Rheinland, Abt. Bonn.
Text zitiert aus: Kritik der Religion bei Karl Marx, Kösel 1969, S. 303 ff. (in Auszügen).

Ratzinger, Joseph, kath., geb. 16. April 1927, 1951 Priesterweihe; Professor für Dogmatik und Dogmengeschichte; Lehrtätigkeit in Freising, Bonn, Münster und Tübingen, jetzt in

Regensburg; bekannt als Konzilstheologe und Verfasser vieler theologischer Publikationen, z. B. Einführung in das Christentum; Das neue Volk Gottes.
Text zitiert aus: Wahrheit und Zeugnis. Aktuelle Themen der Gegenwart in theologischer Sicht. Patmos-Verlag, Düsseldorf 1964, S. 96–99.

Ricoeur, Paul, geb. 1913 in Valence (Frankreich); 1948-1953 Professor der Philosophie in Straßburg, seitdem an der Universität Paris; Werke über die Phänomenologie, die Existenzphilosophie und Psychoanalyse.
Text zitiert aus: Der Atheismus der Psychoanalyse Freuds, Aufsatz in: Concilium, 2. Jahrgang 1966, S. 430–435 (Auszug).

Russell, Bertrand, englischer Philosoph und Mathematiker, 1872–1970; 1910–1916 Dozent in Cambridge, wegen pazifistischer Betätigung dienstenthoben, lehrte dann in Peking und in den USA, vertrat zunächst eine an reiner Logik und Mathematik orientierte Philosophie, leistete Epochemachendes in der mathematischen Logik; nahm zu den Lebensproblemen in Wirtschaft, Gesellschaft, Politik und Erziehung kosmopolitisch und religionsfeindlich Stellung.
Text zitiert: B. Russell, Warum ich kein Christ bin. Szczesny-Verlag, München 1963, S. 35.

Sartre, Jean-Paul, geb. 1905 in Paris; Studium der Philosophie und Literatur; 1933/34 Stipendiat in Berlin; starke Einflüsse von Husserl und Heidegger; während des zweiten Weltkrieges aktive Mitarbeit in der französischen Resistance; seit 1945 freier Schriftsteller; 1952 Bruch mit seinem ehemaligen Freund Albert Camus; politisches Engagement in der Ungarn-, Algerien-, Kuba-, Vietnam- und Nahostkrise; 1964 Ablehnung des ihm zugedachten Nobelpreises; Hauptvertreter des französischen Existentialismus, der die totale Freiheit und Verantwortung des Menschen betont; radikaler Atheismus; seit 1960 Verbindung des Existentialismus mit einer unorthodoxen Form des Marxismus.
Schriften: Außer vielen Romanen und Dramen sind vor allem folgende philosophische Schriften wichtig: Das Sein und das Nichts (1943); Ist der Existentialismus ein Humanismus? (1946); Kritik der dialektischen Vernunft (1960).
Text zitiert nach: J. P. Sartre, Ist der Existentialismus ein Humanismus? 1947[2], Europa Verlag, Zürich, S. 10–19, 21, 23–26, 66 f.

II. Vatikanisches Konzil (1962–1965).
Text zitiert aus: Pastorale Konstitution über die Kirche in der Welt von heute (Gaudium et Spes), Nr. 21 (Ausgabe Herder-Bücherei Nr. 270–273, hrsg. von K. Rahner und H. Vorgrimler).

Wittgenstein, Ludwig, geb. 1889 in Wien; zunächst Maschinenbaustudium, dann Hinwendung zur Philosophie und Mathematik; Studium bei Frege in Jena und seit 1912 bei Russell in Cambridge; glaubt, nach Abfassung seines Tractatus logico-philosophicus alle philosophischen Probleme gelöst zu haben; wendet sich deshalb von der Philosophie ab und wird in Österreich Volksschullehrer; 1929 kehrt er nach Cambridge zurück und wendet sich erneut philosophischen Fragen zu; 1939 Professur in Cambridge, die er 1947 aufgibt, um seine „Philosophical Investigations" zu beenden, in denen er seine früheren Darlegungen kritisiert. Gest. 1951; seine sprachanalytischen Schriften haben einen großen Einfluß auf die Gegenwartsphilosophie ausgeübt.
Schriften: Tractatus logico-philosophicus (1918); Philosophische Untersuchungen (1953).
Text zitiert nach: L. Wittgenstein, Tractatus logico-philosophicus, edition Suhrkamp 12, S. 114/15.